U0857791

中共山东省委党校 2017 年度创新工程科研支撑重大项目(2017CXZ012)

中华文化传承与国际传播研究：博物馆的视角

赵君香　著

山东大学出版社

图书在版编目(CIP)数据

中华文化传承与国际传播研究:博物馆的视角/赵君香著.—济南:山东大学出版社,2018.11
ISBN 978-7-5607-6232-6

Ⅰ.①中… Ⅱ.①赵… Ⅲ.①中华文化—文化传播—研究 Ⅳ.①G125

中国版本图书馆 CIP 数据核字(2018)第 262280 号

责任编辑:李艳玲 陈海军
封面设计:张 荔

出版发行:山东大学出版社
社 址 山东省济南市山大南路 20 号
邮 编 250100
电 话 市场部(0531)88363008
经 销:新华书店
印 刷:济南景升印业有限公司
规 格:700 毫米×1000 毫米 1/16
10.5 印张 192 千字
版 次:2018 年 11 月第 1 版
印 次:2018 年 11 月第 1 次印刷
定 价:49.00 元

新时代博物馆的新使命

（代序）

习近平总书记曾指出："让收藏在博物馆里的文物、陈列在广阔大地上的遗产、书写在古籍里的文字都活起来，让中华文明同世界各国人民创造的丰富多彩的文明一道，为人类提供正确的精神指引和强大的精神动力。"①今年国际博物馆日的主题是：超级连接的博物馆：新方法，新公众，旨在使博物馆全面融入社会生活。我国的博物馆相继推出多种多样的主题活动，从公益鉴定、精品展览、馆长讲解、公共教育活动到美术馆之夜，浓浓的博物馆味道吸引着更多新的受众。媒体宣传、户外广告、移动互联网等传播手段也发挥出超级连接的作用，通过各种新方法实现媒介融合，积极拓展博物馆的文化传播空间。

一、利用博物馆，加强中华优秀传统文化的对外传播

以习近平同志为核心的党中央高度重视国际传播能力建设，党的十九大报告中提出："推动中华优秀传统文化创造性转化、创新性发展"，"加强中外人文交流，以我为主、兼收并蓄。"运用传播学媒介研究的理论及方法，可为新时代传播中华优秀传统文化、实现中西文明互鉴提供更多思路。展览是博物馆的核心工作，是传播文化理念的重要方式和渠道。博物馆策划举办巡展和特展，旨在将历史文化和地域文化、核心价值观、民族精神等较为抽象的文化与价值通过视觉艺术、体验活动、报告讲座等形

---

① 2014 年 3 月 27 日习近平在巴黎联合国教科文组织总部的演讲，人民网，2014 年 3 月 28 日。

式传播开来,让受众在潜移默化中接受并内化成为个人认知体系的一部分,达到情感共鸣。对我国而言,世界展览策划包括民族性与本土化的结合,即依托博物馆的国际化巡展,让中国文化艺术在异域人文土壤中发芽,培育出独特的艺术语言和风格。“走出去”的展览形式为“讲述中国故事、传播中国声音”提供了宽广、自然又立体化的国际舞台,提升了国家文化软实力、中华文化辐射力和影响力。群体与个体参与、故事与体验并行、写实与写意的有机融合等策略,让悠久的中华优秀文化“动起来”,使受众自然而然地感受到中华传统文化意蕴。如 2017 年美国规模最大的中国传统文化展览“秦汉文明展”集结了全国多家博物馆的精品文物,全面展现了秦汉时期中国的辉煌发展。该展览在纽约大都会博物馆展出 3 个月,吸引 35 万人次观展。又如,获得国家艺术基金立项的 2018 年国际交流巡展项目“一带一路——笔墨意象中国画名家海外巡展”,以艺术作品为本体,以推进民心相通、弘扬丝路精神、促进文明交流互鉴、重视人文合作为目的的多角度阐释,将中国本土的水墨语言、水墨故事讲给世界听,向世界展现中国艺术的独特风貌,为中华文化的对外传播发挥了积极作用。中国的博物馆承载着中华文明的精华,馆际交流合作是推动中华优秀传统文化国际传播、与外国文化互鉴互赏的重要途径,利用穿越数千年的文物和源于传统文化的艺术作品讲述中国故事,使中国特色、中国风格、中国气派在全球得以延展传播。

二、面对新公众,充分发挥博物馆的教育传播功能

习近平总书记高度重视博物馆工作。他说:“一个博物馆就是一所大学校,要把凝结着中华民族传统文化的文物保护好、管理好。”①随着社会的发展以及国家对博物馆等公共文化设施免费开放等决策的制定与落实,越来越多的文化遗产出现在公众视野中,博物馆与社会环境、普通大众的互动更加密切。在新博物馆学的理念指导下,博物馆形成了以观众为中心的运作理念,精心打造了一批具有吸引力的公众综合体验项目,以彰显其公益性和教育性等社会服务功能。现阶段,博物馆正从通过媒介“解释它们是谁”变成“与公众之间建立对话关系”,其功能已从局限于保

---

① 习近平:《努力把博物馆建成一所“大学校”》,2016 年 2 月 19 日《中国文物报》。

存和展示文物,转变为既可以是学习中心、社区活动中心,同时也是人们思考和交流的场所,即更加注重观众感官、知识、美学等方面的多层次体验。“流动博物馆”深入到乡村、学校、社区、部队,广泛传播中华优秀传统文化,让文物所承载的民族记忆、文化价值、人文情怀植根于百姓心里;开办“孔子学堂”,通过各种学习体验活动,使博大精深的传统文化内化于青少年心里;开展“大学生进美术馆”活动,让高雅艺术进入校园,培育、提升青年人的审美素养。中华优秀传统文化是中国人的精神基因,是中国人的精神标识,更是中国人的精神追求,社会主义核心价值体系建设必须立足于中华优秀传统文化。党的十九大报告指出:“要深入挖掘中华优秀传统文化蕴含的思想观念、人文精神、道德规范,结合时代要求继承创新。”中华文化源远流长,文脉相传,博物馆承载着传播中华优秀传统文化的历史使命,要在不断赋予优秀传统文化新的精神内涵的前提下,与时俱进,不断创新,通过喜闻乐见的公众教育项目,进一步提升博物馆社会公共文化服务水平,使中华优秀传统文化“活”在当下,让文化传承产生源源不断的内生动力。

三、创新媒介形式,积极拓展博物馆的文化传播空间

伴随着国家对博物馆的政策支持与科技的发展,以及大众媒体对博物馆关注度的提升,众多社会力量积极参与博物馆资源的开发,极大拓展了文化传播空间。由博物馆营造出的审美仪式感、民族文化认同感,被充分运用到叙事宏大、拍摄精美、制作优良的纪录片中。当我们观看《故宫》《当卢浮宫遇见紫禁城》时,仿佛游走于千年文明的场域,徜徉于世界艺术品之林,容易唤起心灵共鸣,激发文化自豪感。《我在故宫修文物》带领我们走进中国文物修复专家们的工作场所,将中华优秀传统文化的博大、厚重、深邃的韵味和气质展现出来。《国家宝藏》节目用匠心讲述国宝的前世今生,为我们建立起与国宝之间的情感交流通道,提高了人们的审美情趣。纪录片《如果国宝会说话》基于古物本体和考古学术,用通俗易懂的语言与观众平等对话,“诉说”文物自身的传奇,并在今年的世界博物馆日启动全球推广,传播中华文明。这些节目既将中华优秀传统文化进行了生动性表达和现代化创新性转换,又积极运用媒介融合形式,让繁忙的现代人能够“快速充电”,了解文物背后的文化意义,增强对文化遗产的认知度。新时代电视与网络媒介对博物馆文化信息、民族精神的传播更加多元化、立体化。博物馆提供优良“文化宝库”“国家宝藏”等具有高品质的传播内容,通过新的阐释手段,吸引更多的观众群体。在今天这个“超级连接”的数字化世界,博物馆应通过创新手段、创新方法、创新体验,充分发挥连接作用,与世界各地的博物馆机构增强联系,让中华优秀传统文化焕发新的生机。

每一种文明都延续着一个国家和民族的精神血脉,既需要薪火相传、代代守护,更需要与时俱进、勇于创新。博物馆运用自身独特的功能,为社会公众提供了丰富多彩的精神文化产品,架起多种文化之间的沟通桥梁,承载着文化外交的重要使命。面对全球范围内的新受众,中国博物馆应运用新方法实现“超级连接”,通过世界巡展,传承文化遗产,讲好中国故事,向世界展示真实、立体、全面的中国,让中国走向世界,让世界了解中国。

赵君香

2018 年 7 月

目　录

绪 论

中华文化，亦称“华夏文化”“汉文化”，是指以中原文化为基础不断演化、发展而成的中国特有文化。历经数千年的历史演变，中国古代文明相互影响融合。如今，一个拥有灿烂文化的中国，带着丰富多彩的文化元素屹立于世界东方。中华传统文化，是中华文明成果根本的创造力，是民族历史上道德传承、文化思想、精神观念形态的总体。中华传统文化是以儒家文化为主体，是中国 5000 年历史中延绵不断的政治、经济、思想、艺术等各类物质和非物质文化的总和。运用传播学媒介研究的理论及方法，可为新时代传播中华优秀传统文化、中西文明互鉴提供更多参考价值。以习近平为核心的党中央高度重视国际传播能力建设，人文社会科学等多个领域的专家学者也就中华优秀传统文化的国际传播围绕“讲什么”“谁来讲”“给谁讲”“如何讲”几大问题展开研究。

“博物馆”(museum)这个词的词根来自于希腊语的 mouseion，原意是指供奉掌管艺术与科学的 9 位缪斯女神的神庙。在公元前 500～前 450 年之前，这些神庙通常建立在举行丧葬纪念仪式和文学社团的成员举行竞赛的地方。文艺复兴时期的博物馆常常被其创立者理解为大千世界中遥远的国度与过去岁月的微观缩影。在 16～18 世纪，珍贵的绘画和雕塑作品常作为装饰陈设而被收集和展示，收藏者通常是皇室、拥有土地的贵族和教会，美术展览室和画廊在这时期日益频繁地出现。1793 年 7 月27 日，法国国民议会宣布，卢浮宫将于 8 月 10 日开始作为公共博物馆对公众开放。从这一天起，现代意义的公共艺术博物馆正式出现，虽然它并非世界上第一所向民众开放的公共博物馆，但其所产生的影响却极为深远。之前的皇家宫殿经过重新整修后免费对外开放,象征着旧制度的灭亡和新秩序的建立,艺术品由旧王朝的奢侈品及特权阶层的享受品变为国家财产,成为激发民众爱国热情和启蒙大众的重要资源。这种艺术博物馆的发展模式从法国延伸到欧洲的大部分国家,后来跨越大西洋而影响美国,最终延伸至全世界。

《国际博物馆协会章程》对博物馆的初始定义为:“博物馆是一个为社会及其发展服务的、非营利的永久性机构,并向大众开放,它为研究、教育、欣赏之目的征集、保护、研究、传播并展出人类及人类环境的物证。”亚洲地区出于城市更新、经济发展以及文化身份的诉求,博物馆自身的文化内核在其问世之初就已经基本确定。艺术博物馆不仅仅用于保存和展示那些为世人熟知的艺术大师的作品,供人们欣赏、研究之用,同时也成为社会步入现代时期,体现公共文化生活的标志;既是城市文化传播的符号,又构建起民族或国家的共同艺术想象。

本课题运用跨学科的视角进行研究,吸取近年来传播学界的理论和相关实践成果,并辅以西方文艺美学理论来研究艺术博物馆的特征和发展规律,有利于推动艺术博物馆新的发展,对传播学领域增加新的研究对象,丰富传播学理论和博物馆学理论,具有一定学术意义和应用价值。

第一节　研究的背景与框架

一、研究问题提出的背景

中华民族具有5000多年的文明历史,创造了博大精深的中华文化,为人类文明进步做出了不可磨灭的贡献。中华文化积淀着中华民族最深沉的精神追求,饱含着中华民族最根本的精神基因,代表着中华民族独特的精神标识,是中华民族生生不息、发展壮大的丰厚滋养。党的十九大报告指出:文化是一个国家、一个民族的灵魂。文化兴国运兴,文化强民族强。没有高度的文化自信,没有文化的繁荣兴盛,就没有中华民族的伟大复兴。习近平总书记指出:“不忘本来才能开辟未来,善于继承才能更好创新。”[①]中华传统文化是我们民族的“根”和“魂”,如果抛弃传统、丢掉根本,就等于割断了自己的精神命脉。社会主义核心价值体系建设必须立足于中华优秀传统文化。在国家层面上,传统文化得到充分重视,成为国家治理体系和治理能力建设的重要战略依据。

(一)中华优秀传统文化传承与国际传播的研究意义

2017 年 5 月,中共中央办公厅、国务院办公厅发布《国家“十三五”时期文化发展改革规划纲要》,要求各地区各部门结合实际认真贯彻落实。该《纲要》指出,“十三五”时期是全面建成小康社会的决胜阶段,也是促进文化繁荣发展的关键时期,并就加强思想理论建设、提高舆论引导水平、培育和践行社会主义核心价值观、繁荣文化产品创作生产等方面的工作作出部署。总体目标是到 2025 年,中华优秀传统文化传承发展体系基本形成,研究阐发、教育普及、保护传承、创新发展、传播交流等方面协同推进并取得重要成果,具有中国特色、中国风格、中国气派的文化产品更加丰富,文化自觉和文化自信显著增强,国家文化软实力的根基更为坚实,中华文化的国际影响力明显提升。其中第八条“传承弘扬中华优秀传统文化”指出:坚守中华文化立场,坚持客观科学礼敬的态度,扬弃继承、转化创新,推动中华文化现代化,让中华优秀传统文化拥有更多的传承载体、传播渠道和传习人群,增强做中国人的骨气和底气。具体内容有:

1. 加强中华优秀传统文化研究挖掘和创新发展

系统梳理中华文化的历史渊源、发展脉络、时代影响,阐明中华文化的独特创造、价值理念。厘清中华优秀传统文化的内涵,改造陈旧的表现形式,赋予新的时代内涵和现代表达形式。加强中华优秀传统文化典籍整理和出版,推进文化典籍资源数字化。推动文博单位开发相关文化创意产品。

2. 开展中华优秀传统文化普及

完善中华优秀传统文化教育,加强中华文化基因校园传承。推动中华优秀传统文化图书音像版权资源共享。加强戏曲保护与传承。普及中

① 中共中央文献研究室编:《习近平总书记重要讲话文章选编》,党建读物出版社、中央文献出版社 2016 年版,第 120 页。

华诗词、音乐舞蹈、书法绘画等，举办经典诵读、国学讲堂、文化讲坛、专题展览等活动。鼓励媒体开办主题专栏、节目。利用互联网，推动中华优秀传统文化网络传播。加强语言文字研究和信息化开发应用，大力推广和规范使用国家通用语言文字，科学保护各民族语言文字。

3.加强文化遗产保护

大力强化全社会文物保护意识，加强世界文化遗产、文物保护单位、大遗址、国家考古遗址公园、重要工业遗址、历史文化名城名镇名村和非物质文化遗产等珍贵遗产资源保护，推动遗产资源合理利用。加强馆藏文物保护和修复。建立健全国家文物督察制度，完善文物登录制度。规范文物流通市场，加大非法流失海外中国文物追索力度。加强考古发掘和整理研究。健全非物质文化遗产保护制度。加强国家级文化生态保护实验区建设，支持非物质文化遗产展览、展示、传习场所建设。推进非物质文化遗产生产性保护。

4.传承振兴民族民间文化

加强对民间文学、民俗文化、民间音乐舞蹈戏曲、少数民族史诗的研究整理，对濒危技艺、珍贵实物资料进行抢救性保护。扶持民族民间文化社团组织发展。规范和支持非国有博物馆建设。把民族民间文化元素融入新型城镇化和新农村建设，发展有历史记忆、地域特色、民族特点的美丽城镇、美丽乡村。打造一批民间文化艺术之乡。

5.保护和发展传统工艺

加强对中国传统工艺的传承保护和开发创新，挖掘技术与文化双重价值。推动传统工艺走进现代生活，运用现代设计改进传统工艺，促进传统工艺提高品质、形成品牌、带动就业。

从2011年十七届六中全会到2017年国务院出台传统文化复兴的重大决策，体现了中央对于大力弘扬中华民族的优秀传统文化的决心，而随着全球城市竞争的加剧，各国对传统文化的传承和对文化国际传播的研究愈发彰显其价值，迫切需要系统梳理现实问题并提出可行性对策，丰富文化传播和文化理论成果。习近平总书记曾指出："让收藏在博物馆里的文物、陈列在广阔大地上的遗产、书写在古籍里的文字都活起来，让中华文明同世界各国人民创造的丰富多彩的文明一道，为人类提供正确的精神指引和强大的精神动力。”①博物馆是传统文化的承载媒介之一，其历史使命是致力于保存、传播世界上的有形与无形的自然与文化遗产。由此可见，每个国家的博物馆都与人类共同发展的宏大主题密切相连。

（二）从“国际博物馆日”的主题变迁看博物馆传播的研究价值

国际博物馆协会是隶属于联合国教科文组织的一个非政府性国际组织，成立于 1946 年。国际博物馆日（International Museum Day）是 1977 年由国际博物馆协会（International Council of Museums，ICOM）发起创立的，定于每年的 5 月 18 日，旨在促进全球博物馆事业的健康发展，吸引全社会公众对博物馆事业的了解、参与和关注，提升公众对博物馆角色定位的认知。国际博物馆日自创立伊始便获得持续关注与较快发展。每年 5 月 18 日这一天，世界各地博物馆都将举办各种宣传、纪念活动，让更多的人了解博物馆，更好地发挥博物馆的社会功能。中国博物馆协会于 1983 年正式加入国际博物馆协会，并成立了国际博物馆协会中国国家委员会，于每年 5 月 18 日在全国各省市区举办形式多样的主题活动。近年来国际博物馆日的主题如下：

2014 年：博物馆藏品架起沟通的桥梁（Museum collections make connections）。这个主题提醒我们，博物馆是一个鲜活的机构，能够在世界范围内为不同观众、不同世代和不同文化架起沟通的桥梁。

2015 年：致力于可持续发展社会的博物馆（Museums for a sustainable society）。这一主题强调了博物馆在提升公众认知中的作用：可持续发展中的社会要求更少的浪费、更多的合作以及建立在对生态更多尊重基础上的资源合理配置和利用。

2016 年：博物馆与文化景观（Museum and cultural landscapes）。这一主题旨在促使博物馆对它们的文化景观承担起责任，要求博物馆为其文化景观的管理和维护贡献知识和专业技能，扮演积极角色。这一主题同时也是 2016 年 7 月 9 日国际博物馆协会米兰大会的主题。此次国际博物馆日，旨在使人们意识到如下事实：博物馆是人类促进文化交流、文

① 2014 年 3 月 27 日习近平在巴黎联合国教科文组织总部的演讲，人民网，2014 年 3 月 28 日。

化丰富性，推进多元理解发展、合作与和平的重要手段。

2017年：博物馆与有争议的史实：博物馆讲述难言之事（Museums and contested histories: Saying the unspeakable in museums）。

2018年：超级连接的博物馆：新方法，新公众（Hyperconnected museums: New approaches, new publics）。

2019年：作为文化枢纽的博物馆：传统的未来（Museums as cultural hubs: The future of tradition）。

从这六年的主题看，"沟通""社会公众认知""文化景观""讲述""超级连接""文化枢纽"这几个关键词中都暗含着"传播"——博物馆作为大众媒介、文化媒介、知识媒介的作用越来越重要，与城市文化、历史传承、国际传播的关系越来越紧密，所承担的社会角色也逐渐向普通大众"文化民主化"的方向发展延伸。按照法国作家安德烈·马尔罗（Andre Malraux）的说法，"文化民主化"是"让更多的人接近艺术作品和精神产品"。从博物馆功能的转向来看，从最初的收藏到教育功能的增强，再到城市文化媒介作用的提升，博物馆作为文化标志，展示着城市制度文明演变的完整的历史构造带和文化剖面图，让人真切感受、体验到城市文化生态；城市博物馆承载着城市的发展历程以及生活在这座城市中的人们的集体记忆。

（三）从世界艺术史大会的全球议题看其传播价值

由中央美术学院和北京大学共同主办的第34届世界艺术史大会① 于2016年9月在北京举行，其主题为"Terms"（即不同文化和不同历史中的艺术和艺术史）。对会议中有关艺术博物馆的内容分析，彰显出有关艺术博物馆传播研究的重要性。一是在主题设计上，突出强调了从中国古老文明中孕育而生的中国艺术魅力及其在世界文化格局中的地位，由此形成对人类文明和文化艺术遗产新的认识与阐释。二是会议涉及很多艺术博物馆研讨的内容：怎样定位馆藏艺术品的地位和价值；如何在博物馆展示艺术品；博物馆如何利用艺术品达到美育和社教的功能；等等。三

① 英文网址：http://www.ciha2016.org/；中文网址：http://www.ciha2016.org/cn。世界艺术史大会由联合国教科文组织联络机构国际艺术史学会（简称CIHA）与每届大会的主办国联合组织。该会议是国际文化艺术界的重要会议，每4年召开1次，自1873年以来已经举办了34届。

是大会最后以第21分会场“多元与世界”作总结。在全球化视角下，一件艺术品或者某一文明绝非孤立隔绝的事物，而是与其他文明通过各种方式产生关联并相互影响，因此用割裂的方式来处理艺术史问题显然不够全面。大会主张打破固有边界，以宏观视角“串联”各个地域和多种文化，并与来自不同国家、不同学科的学者通力合作。外方主席埃娃·特勒伦贝格(Eva-Maria Troelenberg)强调了媒介的重要作用：在身处“全球化转向”的历史时刻，需要面对的问题是艺术史和视觉研究在此时应该发挥怎样的作用。媒介一方面充当“经典”的组成部分，另一方面又在挑战“经典”，这将对艺术史继续在全球化大潮中传承经典又有所创新、构建多元文化下的艺术史体系提出新的要求。而博物馆正是重要媒介之一。

对视觉艺术所提供的丰厚资源加以重新审视、不断比较、重新评估，这是博物馆的首要功能。近年来，艺术博物馆为公众培养美学趣味，接受艺术教育和个人探索艺术等方面提供了绝佳的地点。而本次世界艺术史大会通过探究艺术史的价值以及对艺术的展示定位，也给艺术博物馆的发展指明了方向。

(四)欧美国家艺术博物馆显示由收藏向传播的转向

欧美国家艺术博物馆运行模式成熟，管理理念先进，社会教育功能强，因此博物馆信誉高。《艺术新闻》的一项调查发现，2007～2014年美国的博物馆耗资近50亿美元来扩充体量。该费用超出了同期调研的其他37个国家的总和。其他国家的博物馆更依赖于政府拨款。从2007～2014年，89亿美元被用于或者承诺给了世界范围内75家博物馆的扩展项目。作家泰勒·格林(Tyler Green)对大都会和卢浮宫于2007～2014年修建的伊斯兰艺术展厅不吝溢美之词：“这是公众更好地了解世界的一条好途径。”

《艺术新闻》2015年“年度全球最受欢迎博物馆大调查”显示，卢浮宫第8次蝉联全球最受欢迎的艺术博物馆，年参观人次达860万。大英博物馆以682万人次居第2名，大都会艺术博物馆以653万人次位居第3名。中国台北故宫博物院平均每天有1.3万多人次到访，位居第6名。第10名是法国奥赛博物馆，年参观人次为344万。另外5家艺术博物馆分别是第4名梵蒂冈博物馆(600万人次)、第5名英国国家美术馆(591

万人次)、第7名泰特现代美术馆(471万人次)、第8名美国国家美术馆(410万人次)、第9名俄罗斯国立冬宫博物馆(367万人次)。① 从全球20个最热门展览的统计来看,这些世界级艺术博物馆出借的大牌艺术家的作品吸引了大批观众,如莫奈、康定斯基、毕加索、伦勃朗等大师的展览都排在前20位。由鹿特丹伊拉斯姆斯大学的塞斯·范瑞尔教授和高级研究分析员共同发布的最新研究表明②,全球最享有盛誉的博物馆都位于欧洲,包括卢浮宫、梵蒂冈博物馆、马德里的普拉多博物馆以及大英博物馆、伦敦的泰特美术馆。中国入选的是上海博物馆。研究报告同时说明了人们为何喜爱博物馆:除了本身馆藏的多样性外,更因对社会责任的关注而获得高分。从2016年12月“参与·交融——中美艺术博物馆公共教育国际会议”的嘉宾报告中也能看到受众的这种转变。如今受众研究重点已经不是统计其年龄、住址、经济状况等指标,而是关注受众的心理,例如来博物馆的动机是什么,对自身有什么影响。受众研究与传播效果有着密切的关系,这亟须传播过程、媒介、策略和效果等方面的研究。

二、概念界定与研究范围

(一)中华文化、中华文明和中华传统文化

中华文化,亦称“华夏文化”“汉文化”,是指以中原文化为基础不断演化、发展而成的中国特有文化。历经几千年的历史演变,一个拥有灿烂文化的中国,带着丰富多彩的文化元素屹立于世界东方。中国古代各朝代虽更替频繁,但是中华文化却始终延绵不断。自古以来,中华文化对中国周边地区产生了深远的影响,形成了相对独立的中华文化圈、儒家文化圈;与此同时,中华文化也对世界其他地区产生了重要影响。以儒家思想为核心的中国文化,以及科举制度、四大发明等等,是欧洲近代启蒙运动的重要思想源泉。

中华文明,亦称“华夏文明”,是世界上最古老的文明之一,也是世界

---

① 所使用的数据由有关机构提供。

② 塞斯·范瑞尔已经在荷兰从事了好几年有关博物馆的信誉研究,本次研究规模最大,采用了和企业研究相同的标准化工具,将一个机构声誉的构成因素归结为七大方面。

上持续时间最长的文明。中华文明历史源远流长，用著名考古学家苏秉琦先生的话说，即“中国具有超百万年的文化根系，上万年的文明起步，五千年连续不断的文明史”①。一般认为，中华文明的直接源头有多个，而其中又以黄河文明和长江文明为主，中华文明是多种区域文明交流、融合、升华的结果，学术界一般称之为“多源一体”的文明形成模式。

中华传统文化，是中华文明成果的源泉所在，是民族历史上道德传承，各种文化思想、精神观念的总体。文化是软实力，是决定一切的内在驱动力；文化又是社会意识形态，是中华民族思想精神，是社会政治和经济的根本。中华传统文化首先应该包括思想、文字、语言，之后是六艺，也就是礼、乐、射、御、书、数，再后是生活富足之后衍生出来的书法、音乐、武术、曲艺、棋类等。

1. 中华文化的核心价值“和谐理念”包含两层含义：一是心与物的和谐平衡；二是政府力量与市场力量的和谐平衡。在文化形象传播方面，中国之“美”是中国对外文化传播的核心概念。中国传统文化源远流长、博大精深。“美”是中国一以贯之的文化表征，“和谐”是中国“美”的核心基因和根本精神。中华文化对于世界最重要的贡献是对人自身全面深入的认识。中华文化遵循着世界最本源的规则，即世界平衡。中华文化的精髓是和谐包容、共营共生。②

2. 随着中外文化交流的日益活跃和不断深化，国外公众接触中国历史文化的机会越来越多，对中国文化的感受也越来越深，很多人已不满足于对中国文化的浅层次认识和符号化的理解，更加渴望深入了解中国文化，并通过欣赏中国的文化艺术，了解中国的历史变迁和社会发展以及中国人的生活哲学和价值理念，重构对古老东方大国的现代化印象。③

3. 除了国家层面的国际传播，地方政府及民间组织也成为国际传播的生力军，文化对外传播进入了全方位、多主体、多渠道的阶段。加强顶层设计，建立各级各部门联动的大传播体制，是地方政府和民间组织在文

---

① 转引自曹兵武：《中国考古学六十年》，《文史知识》2009 年第 10 期。

② 参见贾磊磊：《和谐，中国文化的核心价值观》，中国文明网，2014 年 7 月 21 日。

③ 参见李立言、郭文梅：《中美文化交流：如何精彩讲述中国故事》，2017 年 3 月 24 日《中国文化报》。

化国际传播方面进行的有价值的创新、探索。

4. 习近平总书记提出的“人类命运共同体”命题既可以赋予国际传播更加人本、更加人文的底色，又可以激发民众对当今世界面临的问题和挑战的关切①，并且可以将中国智慧、中国经验的传播置于全球情境，从而使中华文化国际传播进阶到“全球视野”的层面，这是世界所需，时代所需。

(二)博物馆

在西方世界，美术馆以及一些大型综合博物馆实际上对应的名称是“艺术博物馆”(Art Museum)。美国博物馆协会将艺术博物馆定义为“常设的非营利机构，以教育和美学为基本目的，拥有专业员工，获得或拥有艺术品，保养并定期地向公众展示艺术品”。西方博物馆对艺术博物馆(Art Museum)和画廊(Gallery)的界定不尽相同。艺术博物馆的基本功能有三个方面，分别是获得、维护及展示艺术品，基本目标是教育及美学。简言之，美术展览、收藏与研究、公共教育构成了美术馆的三种职能。②如前所述，对视觉艺术所提供的丰厚资源加以重新审视、不断比较、重新评估，为判断提供基础，这是艺术博物馆为完成这一过程起到的首要作用。博物馆体现的往往是一个地方精神文明的高度和当地人的文化素养、内在艺术气质。

《中国大百科全书·文物　博物馆》中提道：“划分博物馆类型的主要依据是博物馆藏品、展出、教育活动的性质和特点。”参照国际上的一般分类法，根据中国的实际情况，可将中国博物馆分为“历史类、艺术类、自然科学类和综合类”③。国内的艺术博物馆与美术馆的概念区别比较模糊，许多美术馆的英文名称翻译成中文是“艺术博物馆”，例如中国美术馆的英文名是National Art Museum of China，而山东美术馆的英文名称则是SHANDONG Art Museum。在综合类博物馆中，既有历史展也有专题艺术展，以传统艺术品作为展示主体，所以，本书中关于博物馆的研究除

---

① 参见吴泽群：《承担起建设人类命运共同体的光荣使命》，2018年4月11日《学习时报》。

② 参见[美]南希·艾因瑞恩胡弗：《美国艺术博物馆》，金眉译，湖南美术出版社2007年版，第183页。

③ 孙淼：《中国艺术博物馆空间形态研究》，文化艺术出版社2013年版，第7页。

了“艺术类”博物馆外(如中国电影博物馆和美术馆),将“综合类”博物馆也归入研究范畴,例如国家博物馆、首都博物馆、山东博物馆等。还有一类博物馆设在高校,有的侧重于历史文化,比如北京大学赛克勒考古与艺术博物馆;有的侧重于艺术,比如中央美术学院美术馆;还有的专业性比较强,比如中国传媒大学广告博物馆。由于国外高校的博物馆通常都是艺术博物馆(Art Museum),为了利于国际比较研究,本书将中国的高校博物馆也纳入研究范畴。

(三)艺术传播、视觉传播

艺术传播是借助于一定的物质媒介和传播方式,将艺术信息或作品传递给接受者的过程,其中展览性传播方式(比如博物馆展览、博览会等)和大众传播方式(比如影视、报刊、网络等)都是艺术传播的路径。阿恩海姆认为,视觉把握到的形象是“含有丰富的想象性、创造性、敏锐性的类的形象”,“一切知觉都包含着思维,一切推理中都包含着直觉,一切观测中都包含着创造”。① 人们对美的感受是在直觉和知觉、情感和理智的共同作用下产生的,任何一种思维都不是孤立的,不存在纯粹的感性或者理性思维,因此“观看”不仅是对视觉信息的接受,同时也包含着对视觉信息的思考,而这种思考则是富于想象力的。一般我们认为的从主体到达客体的传播,属于一般性的叙事框架,比如“新闻作品——读者”,读者作为受众获取更多的是信息或者知识;而艺术传播与大众传播有着鲜明的区别,比如图像叙事的传播学结构,显示了在使用图像讲故事的时候,面对着一个复杂的传播过程。它除了对艺术知识和艺术品信息的获取外,还具有价值分享的特征,价值分享的过程是价值共同体的强化(而不是分享之后就完成了)、艺术想象的产生和情感的激发。比如当我们欣赏艺术博物馆里的西方油画时,就会想起以前在欧美看到的西方油画,产生联想。艺术传播是一种联想性的传播,情感上有联结点;而一般大众传播具有单一性,对象是直接的。由此,艺术博物馆的传播问题不能归类于大众传播范畴,但是能部分地借鉴采用大众传播的策略,同时在艺术传播、视觉传播

---

① [美]鲁道夫·阿恩海姆:《艺术与视知觉》,腾守尧译,四川人民出版社 2006 年版,第 5 页。

的领域里借鉴更多的研究方法。

本书的另一研究重点是梳理艺术传播与大众传播的关系,进而厘清艺术博物馆的艺术传播与大众传播的区别与联系。这也是本研究的难点。

视觉传播研究随着视觉文化的迅速发展而逐渐受到关注,但是从一开始,对视觉传播的研究就是多角度、多维度的,众多学者从多个领域切入展开研究。① 阿尔多斯·赫胥黎(Aldous Huxley)在1942年撰写的《观看的艺术》一书中,用一个公式描述了自己学习观看的心得:"感觉+选择+理解=观看。"②这个公式的核心是"从更高的认知程度上对一个形象进行精神加工,而不是停留在简单的感觉和选择","只有当你对相关视觉信息做过分析之后,你才能确切地发现这个情境的真正意义,它才有可能成为你长时记忆中的一部分"。③ 美学家米盖尔·杜夫海纳(Mikel Dufrenne)指出:"感性不可能不具有意义,对感性来说,极端地予以激发和规范是不够的,它还需要承担自己的语言作用,'合规则的光辉'这句话在它身上还必须出自某种含义。美的对象就是在感性的高峰实现感性与意义的完全一致,并因此引起感性与理解力的自由协调的对象。"④本研究的视觉传播概念综合上述理论形成。

(四)研究范围

本书将博物馆作为中华文化传承与国际文化传播媒介,主要从"文化""大众媒介""教育""建筑""空间""展览"六个相关大范畴进行深入研究,分为"博物馆与文化传播""博物馆与空间传播""博物馆与城市传播""博物馆与国际传播""博物馆与大众传播"等主体章节进行理论探究与案例分析。具体如图1所示。

---

① 参见任悦:《视觉传播概论》,中国人民大学出版社2008年版,自序。

② 转引自[美]保罗·莱斯特:《视觉传播:形象载动信息》,史雪云等译,北京广播学院出版社2003年版,第3页。

③ 转引自[美]保罗·莱斯特:《视觉传播:形象载动信息》,史雪云等译,北京广播学院出版社2003年版,第5页。

④ [法]米盖尔·杜夫海纳:《美学与哲学》,孙非译,中国社会科学出版社1985年版,第25页。

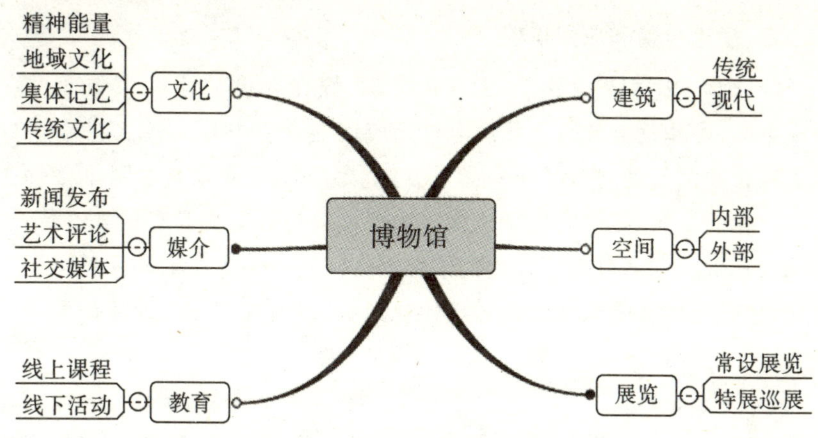

图1 本书结构框架

三、研究对象与研究问题

本书以博物馆为研究对象，一方面将媒介传播理论作为文化国际传播的研究新突破，总结媒介传播案例，为国际跨文化传播领域构建中国形象、讲述中国故事提供新范式。另一方面加强顶层设计和统筹协调，创新媒介内容形式和体制机制，拓展渠道平台，创新方法手段，在海外华人华侨和热爱中华文化的国际友人中塑造传承和传播中华文化的自觉心，同时以中西文明互通互鉴的开放性、包容性思路进行传播策略的实施与效果分析。研究如何充分运用各种媒介的传播策略，增强中华文化的亲和力、感染力、吸引力、竞争力，向世界阐释推介更多具有中国特色、体现中国精神、蕴藏中国智慧的中华优秀文化。如依托展览媒介进行对外传播，通过情感化的叙事方式策展布展，通过影视剧隐喻意义表达中国价值，通过视觉文化时代广告图像与生俱来的传播优势来影响人们的认知系统，进行国际文化传播，以发挥出更大作用。本书力求做到三个创新研究：一是中华文化文本和语境的创新；二是中华文化平台和渠道的创新；三是通过国际传播路径、形式内容以突出体验性和审美性的创新。具体研究素材主要取自作者在美国访学以及欧洲两次游学期间对十余所著名艺术博物馆所展开的专题调研，另有国内案例素材来源于作者在国内博物馆进行的现场观察笔记、志愿者经历记录，以及与博物馆相关的国际学术会议上所掌握的数据及资料。

四、理论价值和应用价值

综合马克思主义文化学、大众传播学、媒介环境学、国际传播的相关理论可知,中华优秀传统文化国际传播应以受众为中心,充分运用各种媒介实现传受关系的对等及受众参与互动,最终实现受众自身对中华优秀传统文化的认知、接纳与意义建构。中华优秀传统文化具有抽象性特点,博物馆及世界巡展以叙事、展演、体验等方式讲述中国故事和传播中国声音,重构受众对古老东方大国的现代化想象,研究内容较其他传播手段更为新颖并与时俱进。

(一)学术价值

1.本书立足于传播学和马克思主义文化学学科交叉领域,借鉴国内外既有研究成果,梳理文明互鉴理论和中华优秀传统文化对外传播发展的脉络,探索利用媒介理论建构起更加符合当前国际形势的立体化、系统性的中华文化国际传播体系,形成良好的国际媒介生态。

2.在全球城市体系中,随着文化软实力竞争的加剧,对富有民族性传统文化的传承和具有地域性的中华文化的传播将越来越彰显其价值。

3.丰富博物馆文化理论和国际传播理论。

(二)应用价值

1.依托各种大众媒介及世界巡展,将传统文化融入国际城市特色,在文化对外传播等方面提出可行性对策以指导现实,丰富传播学和中华文化国际传播实践成果。

2.为国际传播主体提供中华优秀传统文化国际传播的策略、模式、案例参考。

第二节　国内外研究现状

一、中华优秀传统文化研究

十九大报告中提出“推动中华优秀传统文化创造性转化、创新性发展”,“加强中外人文交流,以我为主、兼收并蓄”。运用传播学媒介研究的理论及方法,可为新时代传播中华优秀传统文化、中西文明互鉴提供更多参考价值。

（一）国内外的学术史梳理及研究动态

1. 关于中国国家形象定位问题

在国内，一是有学者从政治学视角出发，主张构建中国化马克思主义话语权，打造中国特色社会主义话语体系。如王永贵主张，“中国特色对外话语体系是中国向外部世界阐述中国特色社会主义的思想理论体系，以及用中国思维阐述外部世界的知识体系的总和”①。柴尚全主张，“要利用中国实力不断走强并日益走向国际舞台中心的有利时机，构建中国化马克思主义话语体系”②，强调通过打造中国特色对外话语体系传播中国声音，用国际通行话语表达“中国说法”，使得国家形象特点突出，体系清晰。二是有部分学者从“中国梦”的传播角度出发，如蔡名照主张，“讲好中国故事，要按照习近平同志在全国宣传思想工作会议上的讲话要求，深化中国梦的对外宣传”③。学者们主张，中国人怎么想、怎么做，中国向何处发展、未来前景怎么样，都体现在中国人民追逐梦想、实现梦想的故事之中，通过开放、包容、合作、共赢的中国梦的传播，展现中国国家形象。三是从品牌传播理论出发，对如何塑造中国品牌提出建议。四是有学者从外交学等相关理论出发，认为我们要塑造一个合作共赢、和谐发展的国家形象。形象是文化的外在表现，积极正面的大国形象彰显中华文化自信，建立在准确定位基础上的国家形象还要契合和满足国际受众的某种需求和认知，使受众更容易认可和接受所塑造和传播的国家形象。

2. 国际文化传播的现状及效果衡量研究

《中国国家形象全球调查报告（2016～2017）》基于对 22 个国家 11000 多个海外样本的调查显示：在海外受访者眼中，中餐、中医药和武术是最能代表中国文化的三大元素，而诸多中华优秀传统文化精髓与内核精神仍未被国外受众所了解接受。在总结传播效果时，学者们也注意

① 王永贵、刘泰来：《打造中国特色的对外话语体系——学习习近平关于构建中国特色对外话语体系的重要论述》，《马克思主义研究》2015 年第 11 期。

② 柴尚全：《构建中国化马克思主义话语权的路径选择》，《毛泽东邓小平理论研究》2014 年第 12 期。

③ 蔡名照：《讲好中国故事，传扬好中国声音——深入学习贯彻习近平同志在全国宣传思想工作会议上的重要讲话精神》，《对外传播》2013 年第 11 期。

到中国传统文化内涵的丰厚程度在国际文化传播中有着“双刃剑”效应，深厚的文化底蕴使得中国文化在独具魅力的同时，其巨大的文化差异也成为国外民众认知中国文化的巨大障碍。如何进一步传播中华优秀传统文化，增强议题设置的意识和能力，通过多种媒体努力，讲述好中国新征程故事，传播好中国新时代声音，让国际社会了解一个真实、立体、全面的中国，仍然是当下国际传播的重要论题。传播学者与各方面专家积极参与制定国际传播战略和策略，提出了一系列可供实施的方案，希望在国际上为中国赢得话语权，向各国民众表达和平发展的意愿，从而推动中国与世界各国的经济合作与人文交流。

3.国外媒介理论发展对中华文化传播的影响

在大众文化传播领域，美国传播学者约翰·费斯克强调了大众的能动性和创造性，积极能动的受众观也是贯穿其媒介文化理论的一条主线。他运用“结构主义符号学”和“民族志符号学”相结合的研究方法解读媒介文化现象，开辟了一条大众文化传播研究的新路径。符号学派认为受众在对文本的解读过程中，将其自身的经验带入文本的符码中，与文本的意义相互协商，形成个人的理解，其中也包括在意义的协商中所形成的一些共同性理解。美国传播学文化学派的代表人物詹姆斯·凯瑞认为，传播活动在本质上是一种“互动”，一种以符号为中介的人与人之间的交流。20世纪60年代末以来，媒介环境学逐渐发展成为媒介研究的学术领域之一，媒介环境学的独特性表现在学者将研究重点放在传播技术本质或内在符号、物质结构如何影响文化上。文化/技术共生论认为，人类文化是在人与技术或媒介持续相互依存、相互影响下不断发展的，新技术助力传统文化传播已成为必然趋势。博物馆、美术馆等文化机构从运用媒介“解释它们是谁”变成“与公众之间建立对话关系”。

4.运用中国知网对“中华优秀传统文化”研究的调研

在中国知网的“期刊”数据库中，以“中华优秀传统文化”为主题词进行模糊查询，涵盖了“中华文化”“传统文化”主题的论文共有6000余篇。但是进一步深度分析可知(图2)，2010年之前的研究成果极少，2012年是一个明显的起步阶段，这与党的十七届六中全会提出弘扬中华民族的优秀传统文化有关；2014年的研究成果数量则是明显上升，缘于习近平总书记于2013年11月在曲阜视察时讲到“对历史文化特别是先人传承下来的道德规范，要坚持古为今用、推陈出新，有鉴别地加以对待，有扬弃地予以继承”①。之后随着国家的重视，研究动态一直呈现上升态势。

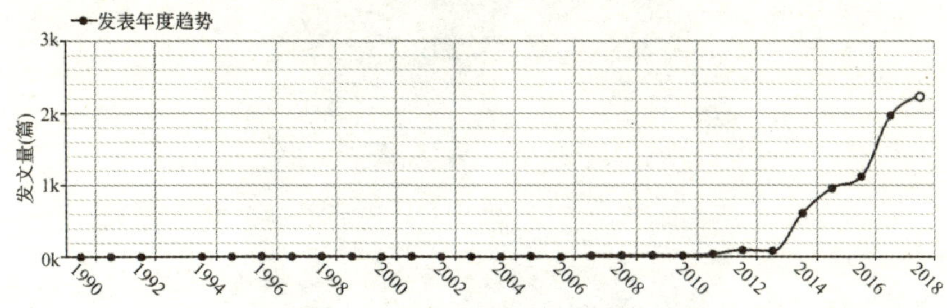

图2 “中华优秀传统文化”论文发表趋势(1990～2018年)

从发表论文的期刊(图3)来看，数量较多的期刊多为人文社科综合期刊，如《人民论坛》《理论学习》等，另外思想政治类、党建类期刊较多，如《学校党建与思想教育》《思想教育研究》《党建》等。值得注意的是，文化类期刊发文数量并不多，由此可见，当前对“中华优秀传统文化”的研究更多聚焦于国家核心价值观、思想政治教育、党建等宏观层面，而对于文化本身的研究以及文化传播的角度涉及较少。另外，图4显示在核心期刊如CSSCI上发文数只有111篇，相比于6000余篇的总数占比较低，说明高质量的期刊论文数量还有待提高。

关键词是论文内容的高度概括和提示符，是作者学术思想及学术观点的凝结，也是文献内容研究的重要指征。对关键词的准确把握可以了解样本文献的研究内容。关键词出现频率高低反映了某一领域研究受到关注的程度，即关键词出现频率越高，提示该领域是受到较大关注的热点领域。因此，通过对高频关键词的统计能够发现该研究领域的主要研究内容，论文关键词分布和聚类图进一步说明了研究热点。通过对样本文献研究热点的分析，能够客观反映研究的专注度和可持续性状况，进而揭示研究结构、研究前沿和未来发展趋势。

① 《习近平山东之行：从传统文化中寻找“正心之治”》，齐鲁晚报网，2013年11月29日。

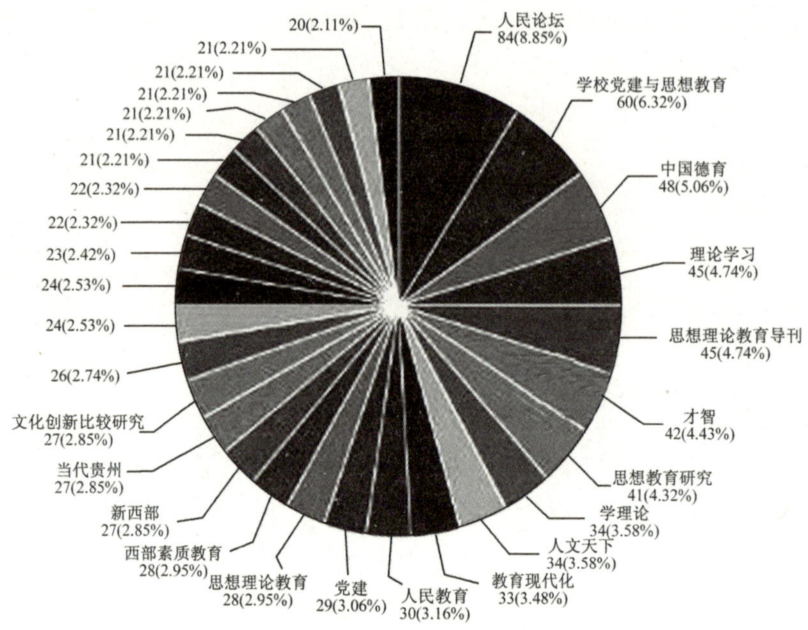

图 3 “中华优秀传统文化”论文所涉期刊

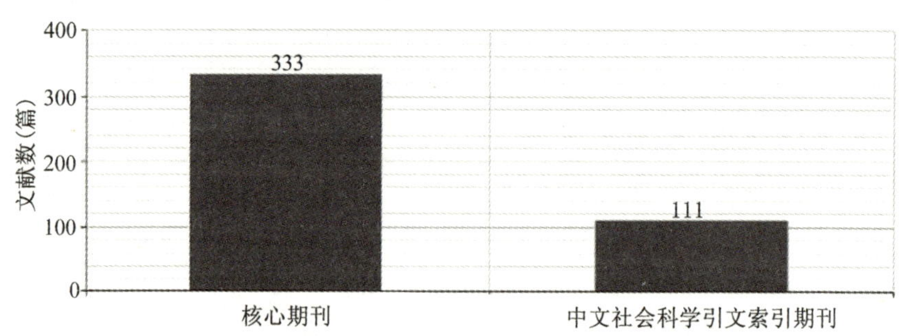

图 4 核心期刊数量分布

图 5 显示，除了核心词“传统文化”和“中华优秀传统文化”“优秀传统文化”外，紧排其后的是“社会主义核心价值观”“文化自信”“大学生”和“思想政治教育”。图 6 的关键词聚类图更为直观地显示，“中华优秀传统文化”的政治思想意义研究受众聚焦于“大学生”，研究受众面较为狭窄。如何将“中华文化”与地域文化、传统文化、城市文化、国际文化相结合，如何运用大众媒介、文化艺术展览、新媒介以及多种媒介融合的方式对内对外传播中华文化，讲好中国故事，如何更为微观地研究国际受众对中华文

化的传播效果，这些问题都有待于更多学术领域、更多学科的研究人员进行深入探索。

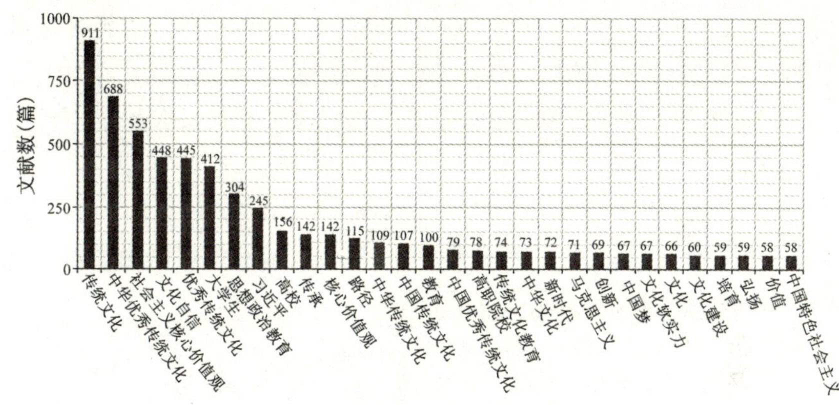

图 5 “中华优秀传统文化”论文关键词分布

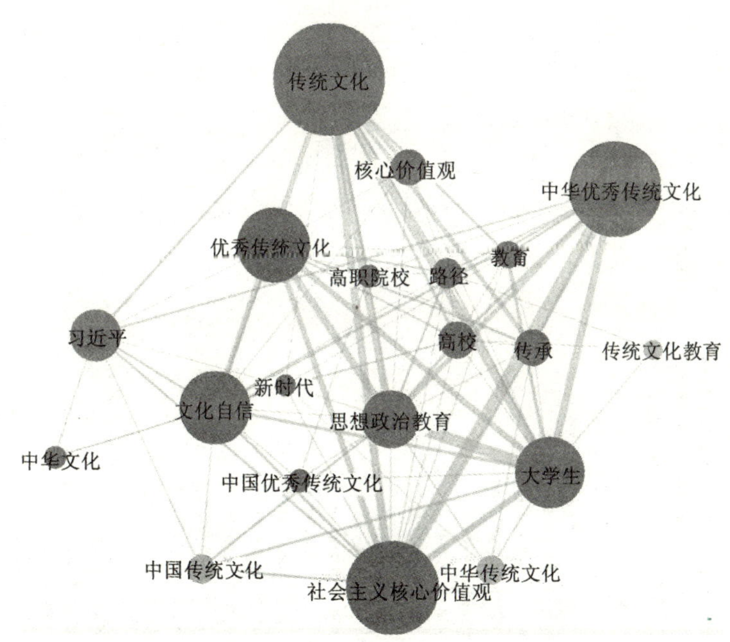

图 6 “中华优秀传统文化”论文关键词聚类图

通过对样本文献的外部特征进行分析，能够直观地阐释研究的数量与质量情况。如图 7 所示，从研究机构来看，研究“核心价值观”以及政治意义的，排在第一位的是中共中央党校，之后的大学也是教育部直属综合性重点大学。曲阜师范大学和山东师范大学作为儒家文化、齐鲁文化的研究重镇,虽然只是省属地方性高校,依然名列前15位。近年来,山东省各类社科基金项目、高校自主科研项目以及山东省委党校、山东省社科院、山东社科联等研究机构都设立了“中华优秀传统文化”或者“齐鲁文化走出去”等相关课题,对中华优秀传统文化的研究与传播起到了推动作用。从图8“中华优秀传统文化”论文研究学科分布图看,“新闻与传媒”领域的研究数量并不突出,仅有191项,相当于“文化”领域的1/10。当今时代,科学技术高度发达,传播媒介发展迅速,国际传播中运用各种媒介手段进行中华文化的传播研究亟待引起重视。

图9有关“中华优秀传统文化”论文的研究基金支持分布显示,国家社科基金资助力度最大。中央《关于实施中华优秀传统文化传承发展工程的意见》中提出加强政策保障,加强中华优秀传统文化传承发展相关扶持政策的制定与实施,注重政策措施的系统性、协同性、操作性。要加大中央和地方各级财政支持力度,同时统筹整合现有相关资金,支持中华优秀传统文化传承发展重点项目。制定和完善惠及中华优秀传统文化传承发展工程项目的金融支持政策。从各省社科基金支持力度来看差别较大,需要加强基金项目政策支持和基于本省的选题论证工作,着力构建中华优秀传统文化传承发展的研究体系。

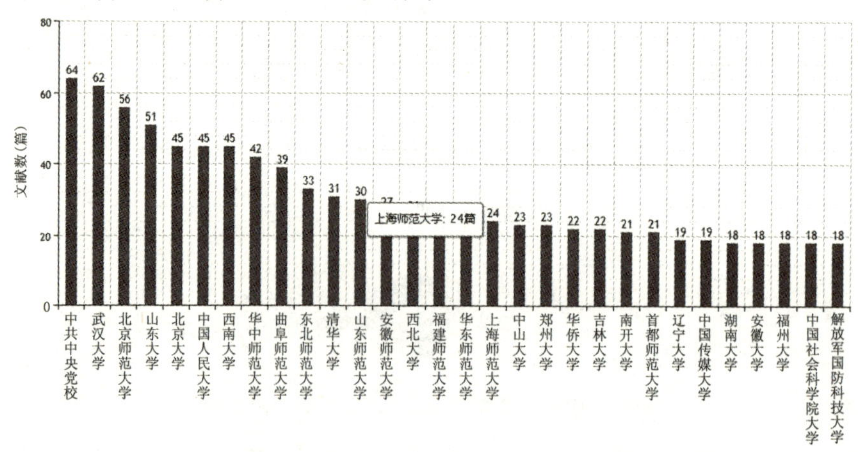

图7 “中华优秀传统文化”论文研究机构分布

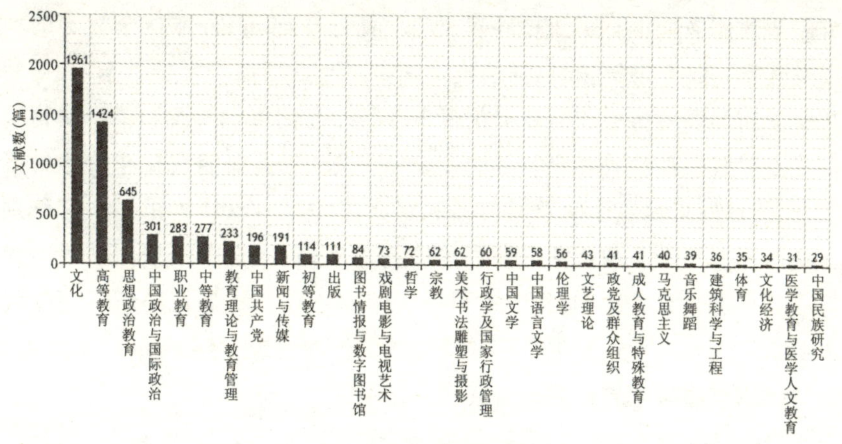

图 8 “中华优秀传统文化”论文研究学科分布

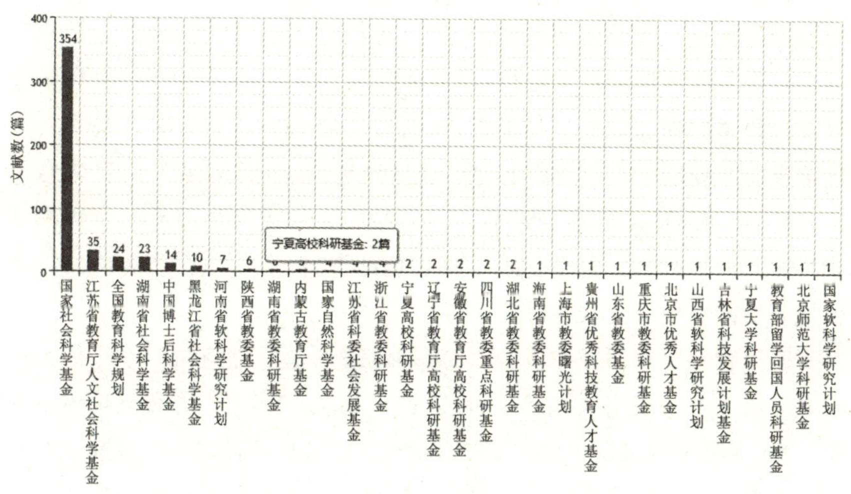

图 9 有关“中华优秀传统文化”论文的研究基金支持分布

5.博物馆世界巡展与中华文化国际传播

已有不少学者注意到博物馆作为一种传播媒介的性质。如英国学者罗杰·西尔弗斯通(Roger Silverstone)就认为,博物馆作为一种传播媒介表现为:娱乐和告知,讲述故事和建构观点,意欲取悦和教育公众,自觉或不自觉地进行议题设置,将不那么好理解和接近的文化转化成相对好理解和接近的文化,在它的文本、技术和展示中提供关于世界的观念性陈述。更为宏观地来看,博物馆作为近代城市的产物,实际上已被编织入城市传播的体系之中。正如孙玮教授将上海这座城市、外滩这个特定的城市空间作为媒介来解读,以描绘嵌入其中并与之互动的交往形态,并揭示其蕴含和再现的历史积淀和文化观念,同样,我们可以解读和揭示博物馆在城市传播中独特的媒介特性。刘宏宇在著作《呈现的真相和传达的策略:博物馆历史展览中的符号传播和媒介应用》中,以博物馆展览这种别具特色的媒介产品和传播现象作为研究对象,重点着眼于如何采用当代符号学分析研究方法,对我国主要博物馆的重点历史展览中所运用的具体展示手法和传播策略进行深入细致的剖析和解说。

(二)当前学术界研究的进展和不足

当前学界对中华文化国际传播"是什么""为什么"论述较多,而针对"如何做"的国际传播能力具体由什么要素组成、如何构建传播体系、运用哪些传播策略的研究较为薄弱。

1. 国内实践案例研究居多,理论提炼不足。目前,对中华优秀传统文化对外传播的研究数量呈增加趋势,研究内容多涉及新媒体环境下的文化传播方面,往往对单一媒体形式进行研究,或者针对某类内容进行研究。另有学者在当前时代格局之下,对跨文化传播展现出的新特点和新趋势进行分析预测。但总体来看缺乏理论提升,对中华文化"走出去"的传播历史沿革的研究较为匮乏。

2. 呈现多学科研究态势,文化对外传播主题不够清晰。中华优秀传统文化研究处于多层次、多学科的交叉中,独有的研究主题和理论体系并不多见,多处于与其他学科共享成果、相互交织的状态。这些研究中有一部分是对西方文明研究的借鉴,另外也有联系国情、针对中国传统文化断裂等现实问题进行研究,但总体上缺少有关国际传播能力建设的媒介传播系统研究。

3. 关注新技术、传播策略多,对传播效果评估研究是当前学界的短板课题,亟待加强。柯惠新等人认为,有关国际传播战略和策略的讨论虽然广泛深入,却鲜有人认真阐释如何衡量国际传播效果。① 偶尔有学者讨

---

① 参见柯惠新等:《我国对外传播效果评估的指标体系及实施方法》,《对外传播》2009 年第 12 期。

论传播效果评估，也只是停留于对传播效果的主观判断，或者以个别事例宣传传播效果。

二、文化传承，文化记忆

“文化记忆”所涉及的是人类记忆的一个外在维度，这是一个和社会、文化外部框架条件密切相关的问题。人对这些“物”形成了诸如实用性、舒适性和美观性的认识，并从某种程度上也将自己投入其中。因此，这些“物”也反映了人自身，让他回忆起自己、自己的过去、自己的先辈等。人所生活的这个“物”的世界拥有一个时间索引，这个时间索引和“当下”一起指向过去的各个层面。

“想象的共同体”最著名的观点是：民族是一个想象出来的政治意义上的共同体，即它不是许多客观社会现实的集合，而是一种被想象的创造物。“想象的共同体”不是虚构的共同体，不是政客操纵人民的幻影，而是一种与历史文化变迁相关，根植于人类深层意识的心理的建构。博物馆和博物馆化的想象都具有深刻的政治性。①

文化学的“想象共同体”“集体记忆”“文化身份认同”等理论与本研究也有很大的关联度。集体记忆(collective memory)是社会心理学研究的一种概念，最初由法国社会学家莫里斯·哈布瓦赫(Maurice Halbwachs)在1925年首次完整地提出，以跟个人记忆区分开。集体记忆是在一个群体里或现代社会中人们所共享、传承以及一起建构的事或物。一个“记忆的场所”是任何重要的东西，不论它是物质的还是非物质的，是由人们的意愿或者时代的洗礼而变成一个群体的记忆遗产中标志性的元素。法国社会学家莫里斯·哈布瓦赫、俄国心理学家维哥斯基(L. S. Vygotsky)、英国心理学家巴特雷特(Frederick Bartiett)等人对此多有贡献。

近几年，集体记忆研究在传播学界崭露头角，厦门大学新闻传播学院的陈振华的论文梳理了传播学与集体记忆研究的历史和理论关联。② 其中对本研究有重要启发的观点如下：

① 参见[美]本尼迪克特·安德森：《想象的共同体：民族主义的起源与散布》，吴睿人译，上海人民出版社2005年版，第173页。

② 参见陈振华：《集体记忆研究的传播学取向》，《国际新闻界》2016年第4期。

莫里斯·哈布瓦赫认为，集体记忆是“一个特定社会群体之成员共享往事的过程和结果，保证集体记忆传承的条件是社会交往及群体意识需要提取该记忆的延续性”①。阿拜·瓦尔堡(Warburg)从艺术史学的角度观察到文化符号具有引发记忆的能量。由此开始，学界开始注意到媒介与集体记忆的关联性。时隔数十年，承续这一讨论，阿斯曼(Assmann)认为集体记忆是交往记忆和文化记忆长期积淀的结果，从口语表达到文字的过渡在记忆与沟通技术的关系发展上具有划时代的意义。李普曼(Lippmann)提出“拟态环境”以区分真实的世界与大众媒介报道中的世界，启发记忆与历史区隔形成的独立的研究领域。麦克卢汉(McLuhan)总结从口语表达到书面记载，再到印刷文化的历史转变，并将其理论化。

集体记忆的早期研究，多把“媒介”与“集体记忆”视为相互独立的范畴，重点关注二者之间的直线互动关系。在微观层面，把“媒介”拆解为具体的文字、语言等文本，以分析集体记忆形成过程中媒介作为载体的功能，倾向于功能主义视角。随着研究深化，集体记忆研究者逐渐意识到要将媒介作为国家或群体形成统一文化的历史过程的重要维度。阿斯曼提出“文化记忆”(cultural memory)理论，认为集体记忆通过文化型构，形成不易流逝，使用文本、意象、仪式系统的文化记忆，进而转向宏观层面的文化研究视角。

中国人民大学新闻学院学者刘宏宇在其著作《呈现的真相和传达的策略：博物馆历史展览中的符号传播和媒介应用》中②，将集体记忆理论作为重要的理论依据。这种研究方向基于如下看法，即作为文化和教育机构的博物馆的文化职能在于保存特定的社会群体的所谓“集体记忆”并且维护他们的“文化身份认同”。他更为深刻地阐述了阿斯曼关于集体记忆的观点：集体记忆具有“传播记忆”和“文化记忆”两种形式，前者主要是依靠口耳相传的人际传播途径保持记忆内容的存续，后者则主要是以文字、符号以及物品作为介质来加以保存。阿斯曼还指出，在特定社会文化

---

① 参见[法]莫里斯·哈布瓦赫：《论集体记忆》，毕然、郭金华译，上海人民出版社2002年版，第335页。

② 参见刘宏宇：《呈现的真相和传达的策略：博物馆历史展览中的符号传播和媒介应用》，人民日报出版社2016年版。

条件下的集体记忆的机构性结构形态是塑造个体身份认同的重要途径，而学校、图书馆、博物馆和影剧院这类文化设施则是建构和传播集体记忆的重要公共机构。这种集体记忆的“文化客体化”的表现之一就是，在博物馆中总是有特定的文化产物被挑选出来，为了进行公开的保存和展示，并最终传承到后世。刘宏宇在研究中强调，像“集体记忆”或者“文化身份认同”这样的概念并不是可以加以度量的客观实体或者通过经验主义的研究方法能够可靠把握的客体，所以在研究中更多是把它们作为一种广泛的社会历史事实情况或者客体性的话语性展示来加以理解和应用的，也就是说被作为一种始终处在动态的发展变化进程中的“似客体”和一种“想象的文化实体”来加以看待的。

在法国大革命之后，这个新生的国家试图建立世俗的机构。博物馆正是这样的机构之一，并且是最重要的一种。曾经的王宫变成今天的卢浮宫，这个博物馆被认为是法国大革命的理想，教堂也被改造成博物馆。在此过程中，曾经属于王宫贵族的建筑物开始对外开放，其中的物品也对公众展出。在坚持博物馆的功用性和必要性的话语中，至少有三个原因表明博物馆在共和国的发展中发挥了重要作用。首先，博物馆有助于纪念大革命的荣耀和历史上的“伟大人物”。其次，博物馆可以让游客通过展出的物品来了解这段历史和艺术，而在此之前共和国只对少数人开放这些物品。最后，为了更好地保护这些物品和建筑物，这个国家将它们作为文化遗产来加以管理和保护。国家对遗产的管理结束了大革命所引起的冲突，并开启了新的太平盛世。在这个意义上，共和国充当了过去与未来的“保证人”的角色。19 世纪以来，越来越多的档案馆、图书馆和博物馆等公共机构被建立起来，用来纪念某些重要的事件，自传也成为历史学家探索的记忆场所。①

还有一种对集体记忆的解读是“记住乡愁”。例如大型电视纪录片《记住乡愁》，在全国 60 万个行政村中选取 200 个传统村落，将以儒家文化为主的传统文化元素融入传统村落的自然环境、乡土情怀、人文景观和

① 参见[日]荻野昌弘：《保护的年代：为什么有今天的世界遗产？》，刘翔宇译，《内蒙古大学艺术学院学报》2016 年第 1 期。

历史文化之中,试图激发全球华人的文化记忆与文化认同。在文化传播层面,该纪录片既有对儒家传统文化的守护,又通过文化价值的重构,赋予儒家文化新的时代内涵。作为重要的视觉媒介,电视并不只是被动地记录现实,而是通过政治道德把关以及议程设置等,对现实世界进行重构。①

"文化认同"是西方社会科学语境下的词汇,指人类对于文化倾向性的共识与认可,是个体对其所属文化及文化群体产生归属感从而获得、保持与创新自身文化的社会心理过程。② "文化记忆"通常是一个社会群体共同拥有的对于过去的记忆,但随着现代社会的发展,传统社会通过文化记忆以统一全民上下的思想言行的做法已经失效,但人们对地域文化和历史文化的留恋会促使他们采用参观名胜古迹、博物馆、参与文化雅集等活动形式追求认同感。很多活动具有一定的仪式感,人们在集体参与中将文化记忆、艺术追求和精神信仰延续下去,借助意义分享、传承和强化,在共同文化观念的分享、共同的艺术想象中提高群体的凝聚力。

传播学兴起之初,学者对大众媒介的功能与地位给予了诸多关注,传播学奠基人拉斯韦尔、拉扎斯菲尔德的"媒介功能说"阐释了媒介的监测环境、协调社会、传承文明等功能。这与集体记忆在社会建构中的作用异曲同工。集体记忆的建构在维护权力的合法性和统治秩序中扮演了重要角色,是塑造社会认同感的重要力量,也是代际传承的重要中介。此外,集体记忆的运作机制与传播学经典理论如议程设置、框架理论、选择性注意要义同归,都跳脱了单纯的媒介功能阐释,把焦点放在"结构"上,强调社会结构对主体的影响。作为传递信息、延续文明的载体,媒介对集体记忆的塑造和传播起到了关键作用。随着新媒体的涌现和蓬勃发展,媒介对集体记忆的影响从内容和形式上发生了巨大的变化。

三、博物馆文化传播

(一)博物馆建筑及空间

国外关于博物馆建筑空间方面的著作颇为丰厚,这与国外博物馆发

---

① 参见郭讲用:《〈记住乡愁〉:儒家文化电视传播中的价值重构》,《当代传播》2016 年第 3 期。

② 参见郑晓云:《文化认同与文化变迁》,中国社会科学出版社 1992 年版,第 10 页。

展较为成熟有着直接关系。博物馆在适应社会发展的漫长历程中，形成多职能的文化复合体。随着社会的发展，博物馆的职能仍在不断地发展变化之中。博物馆的新职能、新形态、新方法、新的收藏对象也不断地出现。随着社会文化、科学技术的发展，博物馆的数量和种类越来越多。许多国外博物馆类书籍结合不同地区博物馆发展现状，介绍现今时代博物馆特色，从建筑设计、室内布局、灯光照明等不同角度归纳总结其在视觉空间方面的特色以及应遵循的标准，往往以详细的理论文字配合优秀的设计案例，向读者展示了博物馆建筑与室内空间设计理念。如《博物馆建筑与空间设计》《文化营造：世界当代博物馆、美术馆设计》，这一类书以面向建筑专业设计师为主，图片丰富，展现设计细节。其对本研究的启示在于如何进行第一层面议程设置、如何有效地营造艺术场域等。另外与选题有关的资料，如世界城市发展史、城市规划史论、博物馆建筑、西方美术史，以及汪德华的《中国城市设计文化思想》、澳大利亚卡斯伯特的《设计城市》，赵欣、周莹等译的《世界博物馆建筑》以及法国卢浮宫博物馆、英国大不列颠博物馆、美国大都会博物馆等各国著名的艺术博物馆出品的系列图册书籍，均在城市文化符号、视觉空间设计、地域文化传承等方面提供了翔实的资料和经典的案例。

建筑作为“容器”与展品作为“内容”的关系始终是博物馆设计的核心议题。时至今日，面对这一议题仍存在两种倾向：一种观点认为，博物馆是中性的容器，其作用主要是服务于展品而非标榜自身；另一种观点则认为博物馆本身就是一件展品，作为地区文化的象征，博物馆建筑应超越其仅仅作为容器的功能指向。前一种观点支撑着大量传统博物馆，而后一种观点则以西班牙毕尔巴鄂古根海姆博物馆和德国柏林犹太人博物馆的巨大成功为标志，在全球多个地区掀起了博物馆作为自治性文化符号的设计取向。[①] 艺术博物馆同文化历史遗产一样，空间是它的基本维度，其中人、物和记忆之间发生着密切的联系。在建筑空间、城市文化空间和展示空间的基础上，外部设计隐含传播符号研究，内部空间隐含议程设置。

传播学视野下的艺术博物馆研究，所涉及的文献包括艺术博物馆的

① 参见王路：《关联的容器：当代博物馆的一种倾向》，《时代建筑》2006 年第 6 期。

传播环境——包括建筑设计、空间形态；传播媒介——包括博物馆作为一种媒介和博物馆开展传播活动应用的媒介，近年来新媒体的运用和虚拟博物馆的建设；传播过程——包括展览、公共教育活动、交互式传播及传播策略；传播效果——包括受众研究等。国内学界直接以传播学学科理论分析艺术博物馆的著作、论文并不多，中央美术学院、中国美术学院美术史专业博硕士论文多从收藏、展览角度论述艺术博物馆①；华南理工大学、武汉理工大学、南京理工大学的博硕士论文多从信息编码、符号编译、知识学习的角度加以论述②；博物馆学、建筑学、设计艺术学、教育学等领域对相关内容进行的阐述，多涉及艺术博物馆的收藏陈列、职能转变（从展览到公共教育）、信息化社会、互联网影响下的艺术博物馆发展。③ 近年来传播学界的权威期刊《新闻与传播研究》《现代传播》也有以博物馆为研究对象的论文。与本研究密切相关的文献有：

1. 博物馆的传播环境

在空间形态研究方面，孙淼的著作《中国艺术博物馆空间形态研究》提出“空间形态”的概念，即指展示空间和公共空间，在提出“艺术语境”概念的基础上，以中西方博物馆对比的方法展现博物馆空间的异同，通过对现状批判以及成功案例的深入剖析提出了如何建立中国博物馆的艺术语境问题。作者的研究范式是基于设计艺术学的空间批判及案例分析。对本研究的启示一方面在于艺术博物馆的空间传播和空间议程设置都应该在一定的艺术语境和公共空间中进行，“人”（受众）与“物”（艺术品和展览）的关系、情感互动取决于艺术语境的创设；另一方面该著作对国内外艺术博物馆的个案研究——故宫运用的图像学研究方法对本研究亦有借鉴意义。

苏州大学凤凰传媒学院陈霖在《城市认同叙事的展演空间——以苏州博物馆新馆为例》的文章中选取苏州博物馆新馆作为个案，通过对博物

① 参见周飞强：《博物馆的悖论——欧美艺术博物馆收藏展览》，中国美术学院博士学位论文，2011 年。

② 参见蔡祥军：《基于符号编译和知识学习的博物馆观众行为研究》，南京理工大学博士学位论文，2010 年。

③ 参见郭青：《大数据时代下的数字美术馆》，中央美术学院硕士学位论文，2016 年。

馆叙事构成、叙事时间和叙事声音的分析，揭示新博物馆建筑所讲述的传统与现代、地方与世界、个性与定制相融合的故事；博物馆新馆展陈空间以“吴”统领本地传统和历史文化，提供本地传统资源；借助新媒介技术能动地渗入、融汇并重构了博物馆叙事体系。该案例分析阐明了如下相对普适的理论意义：博物馆媒介在城市传播体系中以叙述空间与时间的关系而标识其独特性存在；它作为被构筑的环境，因为参访者的挪用、生产和再生产而呈现出开放性、流动性和不一致性；新媒介技术作为一种建构的力量，促成参观者主体的介入，使博物馆叙事的意义建构在主体间的更多互动中完成；博物馆作为媒介空间在城市传播中通过叙事建构开启的交往实践，促成了既具有意识形态规制又具有城市认同意义的阈限性体验，从而使“市民创造城市”成为可能。从传播学领域来看，陈霖以苏州博物馆为例，将研究视角关注到艺术博物馆的传播属性上。他认为，将博物馆作为特定的考察对象的研究尚不多见。近年来对中国艺术博物馆业界的调研发现，传播活动亟须理论指导，而传播学界还极少将研究触角引向艺术博物馆的传播领域，这样的矛盾启示作者去梳理各种与艺术博物馆相关的传播现象、传播活动，思考艺术博物馆的独特的传播规律、传播动力，进行中外不同文化背景、不同媒介艺术生态下的艺术博物馆传播比较分析，从而在博物馆学与传播学的跨学科领域中探索这一理论分支。

2. 博物馆建筑空间设计和媒介空间

近年来这方面著作比较多，比如《博物馆建筑设计》《博物馆陈列设计》等，还有一些针对特定类型博物馆的书籍，如《中国航海博物馆——曲面索网玻璃幕墙的结构设计与施工关键技术》。《博物馆建筑设计》由国内知名的《城市·环境·设计》杂志社主编，主要介绍和展示了国内外著名博物馆与艺术馆共计 129 个项目，通过对博物馆与艺术馆的全面介绍，配以丰富精美的图片、平面图及立面图，对各种类型的博物馆与艺术馆进行分析和研究。《中国当代建筑大系·博物馆》通过对当代中国本土博物馆的案例展示，印证了当代中国建筑师游走于传统与现代之间的探寻之旅，同时也反映出了中国的传统文化与建筑哲学之间的共生关系。书中每座博物馆案例都通过自身的鲜明个性、艺术的展现方式传达出优雅与高尚的气息，在建筑、室内与景观的互动过程中，表达出建筑师对于藏品、氛围以及观众感知体验的尊重。通过阅读,除了能够对中国当代建筑师的设计风格及理念有一定了解之外,还能感受到博物馆作为一种独特的文化建筑,通过自身的比例、空间、色彩与质感的组织传递出独特的文化内涵与意识形态。另外,艺术博物馆作为一种媒介,在城市形成与发展过程中是一种极为重要的表现途径。媒介空间的著作如《媒介空间论:媒介的空间想象力与城市景观》①从媒介空间论的视角,对城市与媒介所组成的多样空间进行了深入细致的分析与研究。

(二)博物馆功能

博物馆有三大功能:收藏、研究和教育。博物馆起初并没有教育功能,主要是陈列个人及皇家的收藏。随着时代的发展,国外很多博物馆成为学者研究的场所,基本不设展览,仅是一个仓库。在法国大革命的影响下,博物馆陆续向平民开放,促使博物馆陈列向科学化和系统化发展,教育功能便是在博物馆与大众的互动中体现出来。教育是传播的一种重要形式。美国许多馆长参与此类文献的撰写,将自己在管理中的实践经验、学术思考呈现出来,或者以学术研讨会后的论文集形式,或者以多位馆长接受研究人员的访谈形式分主题进行梳理。文化民主化、公共教育、知识传播以及受众研究、传播效果等主题与“传播”密切相关。《重新定义博物馆中的物品——中国遗产的井喷》②第三部分提到博物馆的发展:1955年,中国只有50个博物馆;到2010年,大约有3200个博物馆;而如今提出的目标是在2015年超过整个欧洲所有博物馆的总数。这意味着,为了达到这个目标,接下来要以每年新开放100个博物馆的速度来建设博物馆。博物馆建设在不同时期也有不同侧重点,其扩张也是有等级性的,不同层面有不同的建设目标与建设方式。在第六部分的总结中,作者通过与遗产实践相关的案例,旨在引导读者反思“文化遗产”这一概念,通过回溯“文物”概念,指出对物品的理解是多元的,应基于地方文化而不是照搬西方语境对物品的定义来理解文物及其文化价值。在中国的语境里有很

① 方玲玲:《媒介空间论:媒介的空间想象力与城市景观》,中国传媒大学出版社2011年版。

② 参见[英]罗兰:《重新定义博物馆中的物品——中国遗产的井喷》,汤云译,《西南民族大学学报》(人文社会科学版)2014年第4期。

多地方差异和多元理解，需要更多的研究。中国国家博物馆副馆长陈履生在《博物馆与美术馆的魅力》讲座上谈到，每一件文物与艺术品都关乎着历史与艺术，国家博物馆反映出国家的文化属性。“由于我国文博行业历史较短，行业优势是硬件设施先进，而劣势又恰是缺乏精神内涵和历史积淀。”①

（三）博物馆的文化传承研究

在中国知网上以“中华优秀传统文化＋博物馆”为主题进行搜索，发现研究成果较少。从图 10 的发文趋势来看，2015 年是相关论文数量明显上升的时间节点，这与国务院颁布《博物馆条例》、正式将教育职能纳入其中有很大关系，也验证了前述“中华优秀传统文化”研究更多集中于思想政治教育、核心价值观教育等领域，显示出研究人员已经将“博物馆教育传播”与“中华优秀传统文化”关联起来思考。

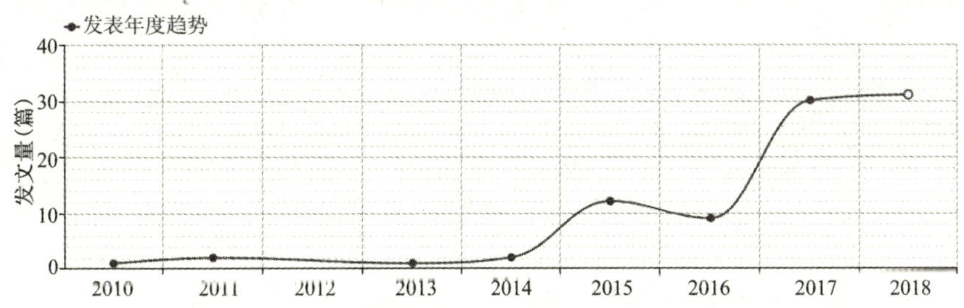

图 10　以“中华优秀传统文化＋博物馆”为主题发表论文趋势

2017 年出现了更多的跨领域研究成果。图 11 显示，除了文物博物馆类、教育类和高校学报外，还有科技、城镇化理论、特区实践、经济类等学科跨度较大的期刊也涉足优秀传统文化及博物馆的研究，受到多学科研究人员的关注。

从研究成果的学科看，“文化”“旅游”分别处在第二、三位，而新闻与传媒领域研究非常少，这说明传播学界较少将博物馆作为文化媒介纳入研究视野。

---

① 陈履生：《博物馆与美术馆的魅力》，发表于 2016 年 5 月 18 日山东美术馆迎接第 40 个世界博物馆日举办的主题性活动。

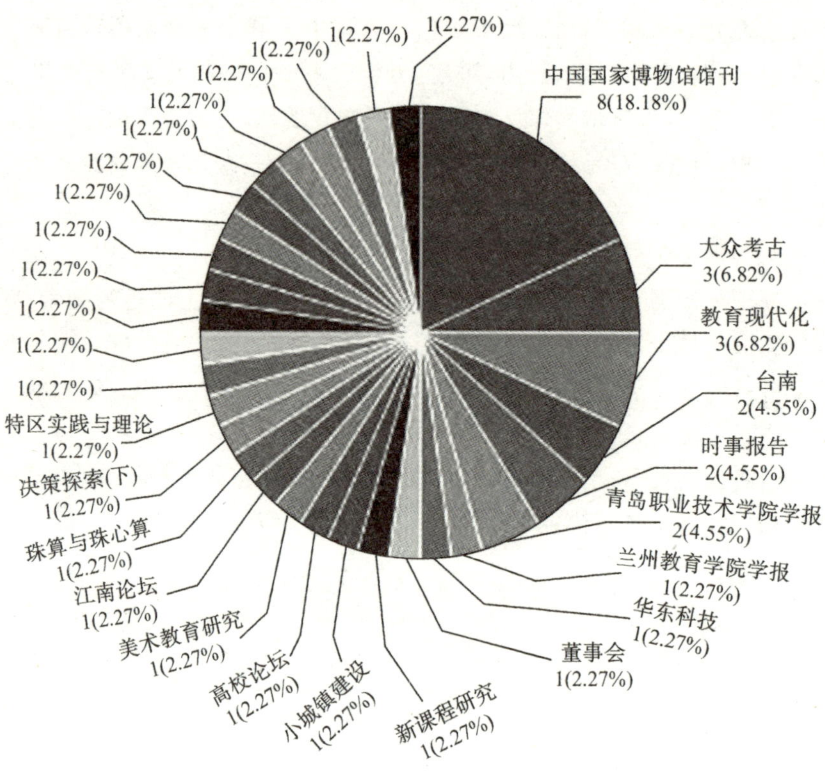

图 11　以“中华优秀传统文化＋博物馆”为主题发表期刊

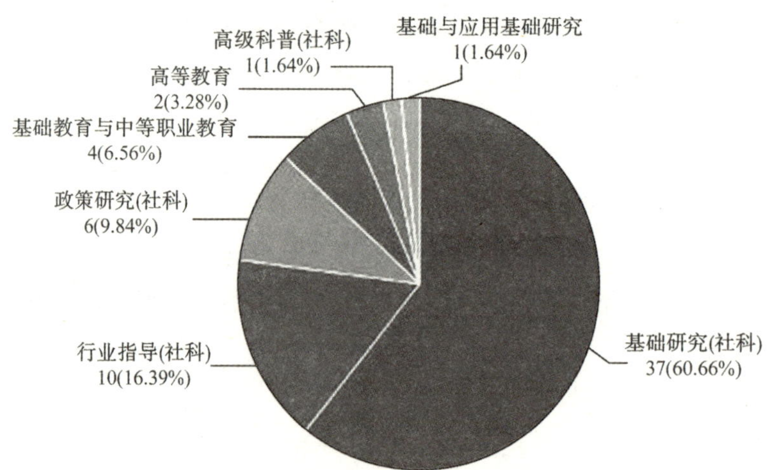

图 12　发表论文的研究层次分布

四、研究的内容框架

博物馆是一个实体存在，承载了关于艺术品形成、收藏、展示、教育、研究等一系列相对稳定的制度。在这里，人们将值得鉴藏的艺术品升华为人类观照自身精神世界的重要参照。博物馆的传播内容是既能够被群体成员共享的内容，同时也在整体上是群体成员存储和读取“过去”的框架；既是仪式化缔造的文化情境空间，还包括权力控制的意识形态内涵，又具有视觉艺术的观看审美特质，亦有人与展示品的情感共鸣和对话。

博物馆是中华优秀传统文化的承载媒介之一。我国的博物馆当前还处在发展阶段，建设的数量不断增加，但是想要体现博物馆的专业性，又要吸引普通公众，满足观众的需求，还需要积极借鉴先进博物馆的发展模式，把握自身优势，服务于大众。近年来对我国博物馆的调研发现，与博物馆相关的传播活动亟待理论指导，而传播学界还较少将研究触角引向博物馆的传播领域，这样的矛盾启示作者去梳理各种与博物馆相关的传播现象、传播活动，思考博物馆独特的传播规律、传播动力，进行中外不同文化背景、不同媒介艺术生态下的博物馆传播比较分析，从而在博物馆学与传播学的跨学科领域中探索这一理论分支，使博物馆成为中华文化传播的桥梁，为中华优秀文化传承与国际传播探求新的发展路径。本课题运用跨学科的视角进行研究，汲取近年来传播学界的理论和相关实践成果，并辅以西方文艺美学和文化理论来研究博物馆的特征和传播规律，在理论上研究视角多元化，为传播学领域增加新的研究对象，丰富传播学理论。

研究框架可见图 13 所示。

博物馆传播与文化空间传播
博物馆传播与传统文化传播
博物馆传播与城市文化传播
博物馆传播与大众传播
传播学视野下的
博物馆研究
媒介特征
持续不断的内容生产
文化信息的交换体系
针对受众的意义阐述
情感共鸣的艺术语境
公关活动的集体空间
媒介构成
空间
文化
内容
传播模式
前传播
混合传播

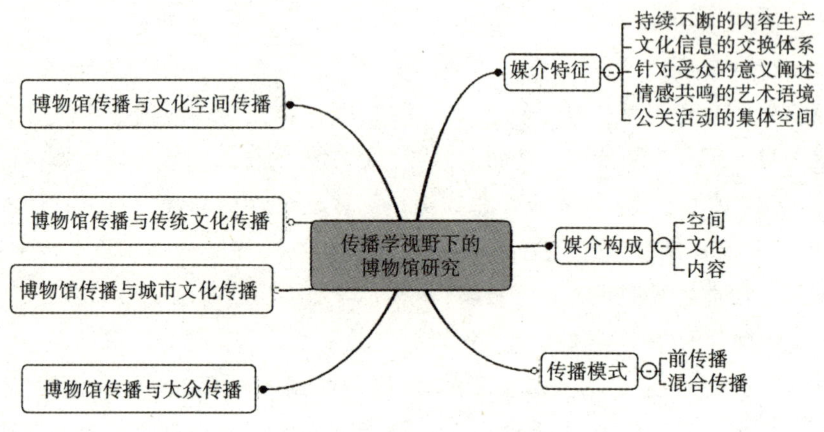

图 13　研究的内容框架

第一章　中华文化传承与传播的理论溯源

中共中央办公厅、国务院办公厅《关于实施中华优秀传统文化传承发展工程的意见》中，提出坚持创造性转化和创新性发展。坚持辩证唯物主义和历史唯物主义，秉持客观、科学、礼敬的态度，取其精华、去其糟粕，扬弃继承、转化创新，不复古泥古，不简单否定，不断赋予新的时代内涵和现代表达形式，不断补充、拓展、完善，使中华民族最基本的文化基因与当代文化相适应、与现代社会相协调。注重实践与养成、需求与供给、形式与内容相结合，把中华优秀传统文化内涵更好更多地融入生产生活各方面。深入挖掘城市历史文化价值，提炼精选一批凸显文化特色的经典性元素和标志性符号，纳入城镇化建设、城市规划设计，合理应用于城市雕塑、广场园林等公共空间，避免千篇一律、千城一面。挖掘整理传统建筑文化，鼓励建筑设计继承创新，推进城市修补、生态修复工作，延续城市文脉。

第一节　中国城镇化进程中的文化传承

城镇化是现代化的必由之路。改革开放以来，尤其是近几年来，我国城镇化进入了快速发展时期。2013 年年末城镇人口达 7.3 亿，人口比重为 53.73%，城镇化率基本达到世界平均水平。虽然城镇化推动了经济增长和促进了社会进步，但城市发展也面临着街区传统功能与文化丧失、历史遗迹与历史景观文化消失、建筑形态单一，以至于有 2000 多年建城史的城市与只有200多年历史的城市没有太多外观上的区别等诸多问题。① 当前,我国城镇化发展已经站在新的起点上,中央提出要积极稳妥地扎实推进新型城镇化工作,必须坚持以人的城镇化为核心,走以人为本、四化同步、科学布局、绿色发展、文化传承的中国特色新型城镇化道路。因此,保持文化传承、文脉延续和历史记忆是城镇化进程中不容忽视的时代命题。

一、城市文化的理论探究

研究城市文化传承问题,首先需要界定"城市""文化"和"城市文化"三个概念。

国内外学者对"城市"有多种定义。综合有关城市的各种理论学说,本书采用程相占的"城市"定义。他着眼于城市与人类文化的密切联系、特别是城市的文化功能,给城市(主要是当代城市)下了一个侧重于功能的定义:"城市是人类在一定地理区域中、以雄厚的经济力量为基础而建造的、非农业异质性人口高度密集的文化生产、贮存和传播中心。"②

而"文化"(culture)是一个更为广泛的概念。据统计,有关"文化"的各种定义至少有200多种。笼统地说,文化是一种社会现象,是人们长期创造形成的产物,同时又是一种历史现象,是社会历史的积淀物。确切地说,文化是凝结在物质之中又游离于物质之外,能够被传承的国家或民族的历史、地理、风土人情、传统习俗、生活方式、文学艺术、行为规范、思维方式、价值观念等,是人类之间进行交流的普遍认可的一种能够传承的意识形态。传统文化所蕴涵的思维方式、价值观念、行为准则,一方面具有强烈的历史性、遗传性;另一方面又具有鲜活的现实性、变异性,它无时无刻不在影响着今天的中国人,为我们开创新文化提供历史的根据和现实的基础。③

《中外城市知识辞典》认为,城市文化包括物质文化和非物质文化两

---

① 参见朱支农:《以城市品牌应对全球化挑战》,《瞭望新闻周刊》2013年第29期。

② 程相占:《生生美学论集——从文艺美学到生态美学》,人民出版社2012年版,第211页。

③ 参见张岱年、方克立:《中国文化概论》,北京师范大学出版社2004年版,第7页。

个方面。前者属物质的或有形的器物用品，如城市建筑、园林、教堂、公共文化娱乐设施、交通工具等；后者则为社会心理、价值观念、道德、艺术、宗教、法律、习俗以及城市居民的生活方式等。

作为城市科学的分支，城市文化学是适应当前城市文化建设的产物，大城市和城市群的发展也迫切需要理论指导，许多研究成果为构建中国城市文化体系提供了全新的视角。① 通过文献调查，国内外学界主要从以下四个角度对城市文化进行了研究：

（一）城市文明史

美国作家刘易斯·芒福德的经典著作《城市文化》和《城市发展史》这两本书至今仍然被公认为是全世界城市科学研究的经典著作。他强调城市规划的主导思想应重视各种人文因素，并促使了欧洲的城市设计重新确定方向。芒福德论述的城市史就是文明史，城市凝聚了文明的力量与文化，保存了社会遗产。② 芒福德最负盛名的是《城市发展史》。作为一本城市文化著作加以研读，程相占认为本书有两点值得重视：一是城市文化与人类文明价值理想，即芒福德将城市起源、发展、演化与宗教联系起来，主要学术目的在于论证人类文明发展中的"永恒价值"及其重要性，没有它，就没有人类城市文明，人类文化将成为无目的的盲目过程；二是城市的二重性与现代性反思，即芒福德对于科技进步的本质有着非常深刻的反思批判，对于现代城市带来的弊端进行了深入分析。③

另外一本研究城市文明的经典著作当属美国城市学家乔尔·科特金所著的《全球城市史》，他在该书序言"神圣、安全、繁忙之地"中就阐明了城市的重要作用："城市代表了我们作为一个物种具有想象力的恢宏巨作，证明我们具有能够以最深远而持久的方式重塑自然的能力。"④另外，

① 参见朱逸宁、刘士林：《论中国城市文化学理论的建构》，《上海师范大学学报》2013 年第 6 期。

② 参见[美]刘易斯·芒福德：《城市文化》，宋俊岭等译，中国建筑工业出版社 2009 年版，第 295 页。

③ 参见程相占：《生生美学论集——从文艺美学到生态美学》，人民出版社 2012 年版，第 213 页。

④ [美]乔尔·科特金：《全球城市史》，王旭等译，社会科学文献出版社 2014 年版，第 2 页。

美国托马斯·坎帕内拉教授从“外国人眼中的中国城市”这个视角，综观了改革开放后中国城市化快速发展的方方面面，回溯了历史上城市化快速发展的典型案例，汇集了全球很多专家关于打造全新的中国城市市容市貌的观点。① 中央党校陈宇飞教授主持了系列课题和出版了专著研究《文化城市图景：当代中国城市化进程中的文化问题研究》，对文化城市进行了理论梳理和案例分析，其中的“文脉与感受”重点以中外城市案例来论述文化传承。② 薛凤旋则采用图文述说，展现中国的历史、文明和城市发展在世界文明之林中所透露出来的独特个性。③ 另外一类研究就是案例分析，如蒋彬在揭示城镇化与文化变迁的互动关系的基础上，对推进藏区的城镇与文化的协调发展的路径进行了探索。④ 此类研究主要以历史视角研究城市文化。

（二）城市意象及视觉设计

美国麻省理工学院建筑学院凯文·林奇在《城市意象》这本书中讲述了有关城市的面貌，以及它的重要性和可变性。城市景观在城市的众多角色中，是人们可见、可忆、可喜的源泉，赋予城市视觉形态一种特殊而且相当新的设计问题。⑤ 其他有代表性的著作和理论还有霍华德的田园城市理论，其诞生有着深刻的社会和时代背景，在很大程度上影响着西方现代城市规划学的产生和发展。美国当代环境美学学者阿诺德·伯林特所著的《生活在景观中》讲到城市设计：“没有考虑到本地的建筑布局传统而采用外国的地区或种族设计风格的作品从不会让人觉得舒适。这就如同在缅因州的海滨村庄里建造西班牙的庄园或是瑞士山中的牧人小屋一

---

① 参见[美]托马斯·坎帕内拉：《混凝土文化——中国的城市化革命及其对世界的影响》，http://www.yuanlin365.com/news/76573.shtml。

② 参见陈宇飞：《文化城市图景：当代中国城市化进程中的文化问题研究》，文化艺术出版社2012年版，第201页。

③ 参见薛凤旋：《中国城市及其文明的演变》，世界图书出版公司2010年版。

④ 参见蒋彬：《四川藏区城镇化与文化变迁——以德格县更庆镇为个案》，巴蜀书社2005年版。

⑤ 参见[美]凯文·林奇：《城市意象》，方益萍译，华夏出版社2001年版，第1页。

样。”[①]国内学者对城市视觉的研究，包括环境艺术设计、视觉传达艺术等宏观及微观的研究，如中国传统建筑对宇宙图式的模拟与象征，“是要在建筑与自然之间建立同构联系，以表达人们期望与天地和谐共存、获得美好生活的文化理念与祈愿”[②]。

高建平从城市的现代性角度来研究城市视觉设计：理性，全设计，成为一个完美的整体，各部分之间的关系合乎逻辑。他将巴西利亚作为一个代表，认为这座城市代表了一个时代、一种精神——整体设计、全面规划的精神。这种精神在许多城市里出现过，只不过在这里体现得最为充分。建城需要一段漫长的时间，城市在一些“策略”指导下成长，于是，城市就有了时间，有了历史。城市的发展，需要建立引力场，使城市在一些规划的制约下，向看一些特定的方向发展。[③] 学者马泉提出城市户外广告要有优化现有环境视觉语境的功能，同时承担起提高城市公共审美教育的重任。[④] 邢晗提出设计改变生活——运用视觉传达艺术提升城市文化魅力，将研究视角放在多层次的城市视觉风格上。[⑤]

(三)文化遗产保护

文化遗产是前人留给我们追溯城市历史、留住美好记忆的宝贵财富，在城镇化进程中对文化遗产的保护是至关重要的。单霁翔先生的一系列书籍如《城市化发展与文化遗产保护》(2006)、《从“功能城市”走向“文化城市”》(2007)、《从“文物保护”走向“文化遗产保护”》(2008)对中国城市文化的传承、文化遗产保护进行了详尽阐述，对我国城市化发展与文化遗产保护态势、历史性城市保护的协调发展观、历史街区的整体保护观、历史街区保护的“有机更新”观、城市建设与加强文化遗产保护等方面进行了重点阐述，提出城市通过自身集中的物质和文化力量加速了人类交往

---

① [美]阿诺德·伯林特：《生活在景观中》，陈盼译，湖南科学技术出版社 2007 年版，第 55 页。

② 徐怡涛：《中国建筑》，高等教育出版社 2010 年版，第 105 页。

③ 参见高建平：《城市美之源》，《外国美学》2013 年年刊，总第 21 期。

④ 参见马泉：《城市视觉重构：宏观视野下的户外广告规划》，人民美术出版社 2012 年版，第 61 页。

⑤ 参见邢晗：《设计改变生活——关于运用视觉传达艺术提升城市文化魅力的研究》，《美术教育研究》2012 年第 17 期。

活动的形成,并通过城市的各种有形的物质形态和非物质的意识形态载体一代一代传承下来,这个不断传承的城市灵魂就是“城市文化”。高建平提出城市建设的时间性问题,即一般的城市建设都是有时间性的,它有自身的历史,例如一些古城、一些古老的街区,留下历史的沧桑感。城市的改造,有着这样一些时间性策略:建立一些新区,形成新的商业区、文教区,发展新的观光景点,调节城市的重心,从而吸出旧城的人口,最终对旧城进行改造。同时,辅以文化建设,“构筑”这个城市的故事,这需要十年甚至几十年时间,经过不断的改造,积累名城之名,让时间的痕迹留在城市之中,形成深厚的积淀。① 论文集《旧城改建与文化传承》汇集了作者30年来对上海旧城居住区改建和棚户区改造由实践到理论的比较全面、系统的研究成果,记录了30年来上海旧区改建所走过的历程和轨迹,以及发展的阶段和脉络,涉及旧区改建、规划理念、建筑布局、历史保护与文化传承等方面,但其主线是旧城改建。②

(四)城市美学及城市传播

城市建设要有审美的维度,但审美维度绝不是景观化维度。美学领域以城市人的审美经验为研究对象,建立城市美学,作为美学研究的新任务和新方向,以此实现中国美学的现代性,如学者刘锋杰提出审“城市”之美,以此作为中国美学研究的新支点③;江守义分析了城市视觉艺术的美感特征。④ 一个城市需要意义,这个意义表现为城市的符号。从符号学角度的研究有:学者成宝平对城市品牌形象进行了视觉符号分类研究,认为城市的视觉表达有文化艺术符号、城市色彩符号等。⑤ 同时,美学的和谐性问题也值得研究者的关注。陈望恒提出,农村建设不仅要注意与地形地貌的和谐,而且要注意与传统文化的和谐。他认为,中国目前的城市

---

① 参见高建平:《城市美之源》,《外国美学》2013年年刊,总第21期。

② 参见陈业伟:《旧城改建与文化传承》,中国建筑工业出版社2012年版。

③ 参见刘锋杰:《审“城市”之美:中国美学研究的新支点》,《安徽师范大学学报》(人文社会科学版)2004年第5期。

④ 参见江守义:《城市视觉艺术的美感特征》,《安徽师范大学学报》(人文社会科学版)2004年第5期。

⑤ 参见成宝平:《城市品牌形象的视觉符号研究》,中南大学硕士学位论文,2009年。

化基本上是按照城市的模式改造农村，实际上是消灭农村，后工业时代的城市已有向农村回归的趋势。在城市化的背景下，得利最多的是农村。农村在保留自己特色的前提下，要尽量地吸取城市的优点，其中，最重要的是城市文明的生活方式。①

另外，高建平在《城市美之源》中还论述了艺术对城市的重要作用：艺术教会人们看城市。或许通过画家的作品，伦敦人才会欣赏城市的雾；通过一些摄影作品，提高了人们对北京胡同的欣赏力；艺术家教会一般民众如何去欣赏丽江老城的美；在维也纳街头，听到有人哼小曲，也会侧耳细听，是不是舒伯特的旋律；到了布拉格，脑子里全是德瓦夏克的音乐。绘画与音乐，配上节奏与旋律，可以使城市变成风景。② 有关艺术改变人的眼光方面，更明显的例子是电影和电视。传播学领域的学者从媒介和空间的角度对文艺作品中中国城市视觉经验进行梳理，对城市题材微电影进行研究探索。广播电视艺术学的研究者以当代电影电视剧中的城市意象为研究对象，对城市形象传播进行考察，进而解读出城市的独特文化内涵。③

从学术界的研究来看，随着中国城乡一体化、城市经济、艺术审美、视觉文化的迅猛发展，“城市文化”“城镇化进程中的历史文化”“城市形象”因融合了历史、文化、艺术、建筑、教育、传播等综合元素，越来越受到各个领域研究者的关注。从城市的发展史来看，城市一直是传统文化的重要传承者。像罗马、雅典、北京、巴黎和伦敦等，本身就是博物馆，保留着千百年来遗留下来的文化标本珍本，代表着本民族的传统文化。中国的城市文化作为城市研究的一部分，处于多层次、多学科的交叉中，独有的研究主题和理论体系并不多见，多是与其他学科相互交织的状态。这些研究中有一大部分是对西方城市研究、西方城市发展经验的借鉴，另外也有联系国情，针对现实问题进行的经验性研究。随着非物质文化遗产保护进入人们的视野，陆续有学者关注到城市传统文化传承问题，但从中国传统文化的传承视角切入研究城镇化建设的成果还比较少。

---

① 参见陈望恒：《试论农业审美愿景——新农村建设与环境美学》，《江淮论坛》2012 年第 2 期。

② 参见高建平：《城市美之源》，《外国美学》2013 年年刊，总第 21 期。

③ 参见王玉玮：《电视剧城市意象研究》，暨南大学出版社 2010 年版，第 4 页。

二、城镇化进程中文化传承存在的问题

通过文献梳理及对中国部分城镇的实地考察发现,文化传统与现代化意识的错位造成了传统文化的断裂,旧城改造毁坏了历史文化与自然遗产;新城建设无视对中国文化的传承,盲目照搬欧美的城市模式或建筑模式,我国城市与城市在视觉形象上逐渐走向无差别状态。具体来说,当前城镇化发展存在以下较为突出的问题:

(一)奉行拿来主义,照搬国外模式

城镇化过程中,许多城市盲目照搬国外的城市美化风格,没有注意与中国自己的文化特色相适应;片面追求视觉上的广阔感和充实度,因而肆意砍伐大树,不切实际地建设大面积的中心公园和生态绿地、景观大道,人为降低人口发展密度,在一定程度上切割掉居民发展生态空间。过度注重城市外观的美化设计,一味追随西方城市建筑规划,却没有考虑与本城市的发展定位是否相融合。如城中村改造、旧城改造过程中人行道一再被挤压等。自然环境保护意识淡薄,散落在乡间的支离破碎的生态环境正处在深度破坏之中。一些中小城市虽无必要,也进行新城、生态城、大学城的规划建设,一些地方市政中心、豪华会展中心竞相面世,而居民生活真正需要的民生工程、文化场馆、艺术博物馆却少有投入。

(二)迷失文化根源,缺乏身份认同

中国的城镇化进程中,无论是农村还是城市,在从传统向现代化迈进的同时,也解构着自身传统,农村表现为新村与旧村发生裂变,城市表现为一味追求现代化摩天大楼、对民居的强拆等现象,公共建筑、生活小区追求"洋名",与本土城市特色、神采和风韵风马牛不相及。[①] 人们在追溯乡土历史传统、成长街区时不免发生记忆断裂,寻找乡土文化记忆时易产生身份认同的缺失感。城市越来越现代化,而城市建设的传统文化作为城市的历史记忆和生活方式却离我们越来越远,特别是本应具有传承历史传统文化积极力量的大型公共建筑,由于在城市建设中不注重保护,甚至被肆意拆除,人为割裂了历史与现代的关系,被人们所诟病。老北京的胡同如果全部都改建成摩天大楼,则失去了京味的文化根源,不能为老居

---

① 参见王道勇等:《新型城镇化应力避三大误区》,2013 年 9 月 2 日《学习时报》。

民记忆，更不能对游人产生特殊魅力。

（三）民俗生存艰难，传统文化式微

中国城市现代化进程加快，城市老建筑、老街道的消失使得城市民俗文化正逐渐淡出人们生活的视野。我国民间传统文化主要存在于乡村之中，尽管已有5000多年的历史积淀，但在人为因素和自然因素的侵蚀下，各种物质文化遗产和非物质文化遗产都显得十分脆弱，其保护开发面临着前所未有的挑战，很多传统文化已陷入发展甚至是生存的困境，一些珍贵的传统文化资源面临着退化和消失的危险。传统文化是以农耕社会为特点的、表达乡村价值取向和生活方式的民间文化，式微不可避免。另外，很多保护下来的古镇或是古村落，大部分已经失去了原有的韵味，商业气息太浓，失去了淳朴的民风和浓厚的文化底蕴。所谓的"民俗热"，即各地以乡土乡情为旗号的民间工艺展览、新民歌、民俗旅游度假村以及各种各样的民俗研讨会，在很大程度上已沦为商品经济刺激性发展的产物，而真正为乡土社会提供价值理念与文化意义的民俗文化却面临巨大危机。

（四）传统观念淡薄，精神内核遗失

中国文化传统源于农耕经济。随着农耕经济的大范围消失，与之紧密相连的乡土传统和观念正在被人为抛弃；而农村青壮年长期向城市的涌动和迁居，也带来了劳作模式、生活方式和文化认同方面的巨大变化。以这部分人为主体所组成的大量新型社区，其组织过程和文化建设等成为重要问题；不同阶层、群体、文化习俗与价值观、审美情趣的碰撞与融合，多样化的人员流动，必然带来各个群体不同的利益诉求，特别需要包容性的文化支撑。正如有学者认为："人类生活的内在价值，除了生存需要，还需要哪些内容呢？……无论如何，很少有人会把一些基本的项目排除出去，比如自由、快乐、尊严、情爱、创造、自我超越等等。"①这些都是城市中的人们发展进步的目标与精神文化内核。形式往往折射出实质上的"贫困"，那就是城市问题带来的人们交往方式的变化和人情的淡漠。正在享受"现代化"成果的人们，纠结于物质文明与精神安顿的冲突之中，城

① 许江主编：《人文生态》，中国美术学院出版社2008年版，第6页。

市社会成员似乎都患上了“现代病”。[①] 相比亚洲其他国家比如韩国、新加坡对青少年传统文化的普及教育，我国城市中对本地民俗文化的展示和传承做得远远不够。传统文化传承如果出现断裂，城乡新一代居民的价值体系建设将面临很大困境。

我国如此大规模的城镇化浪潮在人类历史上是前所未有的，而在全球视野下，欧美及亚洲其他国家的城市化浪潮及城乡之间的关系发展对我国城镇化建设具有借鉴意义。在探讨对策之前，首先对国外城镇化建设进行利弊分析。

全球的城市化浪潮经过四个阶段：第一阶段是19世纪初以英国人为代表的城市化，19世纪50年代进入成熟期；第二阶段是从19世纪中叶开始，以美国为代表，经历了100年的历史；第三阶段是“二战”之后，拉美国家、东北亚地区开始进入快速的城市化阶段；第四阶段即现在，是以中国和印度为代表的快速的城市化。欧洲发达国家的城镇化起步较早，市场机制在城镇化与工业化互促共进方面发挥了主导作用，政府调控进一步提升了城镇化的质量。相对于欧美国家，东亚国家和地区政府对于城镇化的引导和调控力度更大，日本、韩国和我国台湾地区的城镇化是典型的政府主导、市场推进的城镇化模式。[②] 欧洲人在城市建设改造、布局发展中很早就形成了“敬重历史”“留住历史”的理论，认为历史建筑是文化认同和传承的象征，是一个城市的根基、传统的文脉。[③] 美国总体城市化模式能耗极高。据统计，作为“坐在车轮上”的国度美国，人口仅占全球的4%，但却消费世界1/3的能源，排放世界1/5的二氧化碳。中国人口是美国的4倍，如果我们学习美国的这种城镇发展模式，那将是全球的噩梦[④]，所以不能完全照搬国外城市发展模式，只能借鉴，取长补短。

由此可见，无论是哪个国家，在进行城镇化的顶层设计时，都要有总

---

① 参见李松：《城镇化进程中乡村文化的保护与变迁》，《民俗研究》2014年第1期。

② 参见谢振东：《国外和台湾地区城镇化的典型模式及其启示》，《国家行政学院学报》2013年第3期。

③ 参见顾方哲：《欧洲古建筑保护体系的形成与启示》，《山东大学学报》（哲学社会科学版）2013年第3期。

④ 参见王道勇等：《新型城镇化应力避三大误区》，2013年9月2日《学习时报》。

体规划，从实际出发，因地制宜，突出各自的文化特色，保护好传统建筑的地域特色。另外，新型城镇化的可持续发展重点和难点是人的素质问题。政府在做城镇规划设计时，应将文化建设作为重要组成部分，为文化预留出发展的空间，重视公共文化服务体系建设，强化对传统文化资源的保护和利用，加强文化市场的培育和文化产业的开发，以满足城镇市民多样化的文化需求。

三、中华优秀传统文化融入城镇化发展

根据党的十八大精神，我国到2020年，要全面建成小康社会，走中国特色新型工业化、信息化、城镇化、农业现代化的新四化发展道路，促进国民经济持续健康发展。十八大还提出"文化强国战略"，将建立优秀传统文化的传承与保护体系作为一项重要目标。十八届三中全会对推进城乡要素平等交换和公共资源均衡配置，完善城镇化健康发展体制机制作出了部署，强调城市和农村良性循环、相互促进关系的建立。小型城镇更适合对传统文化的保留和传承，在规模上更加人性化，环境也更亲近自然，相对大城市而言，其宜居优势凸显。

2013年12月在北京召开的中央城镇化工作会议，既描绘了新型城镇化的蓝图，又强调了新型城镇化与传统城镇化的区别：突出发展质量，强调可持续发展。会议提出要以人为本，推进以人为核心的城镇化，提高城镇人口素质和居民生活质量，要优化布局，根据资源环境承载能力构建科学合理的城镇化宏观布局，把城市群作为主体形态，促进大中小城市和小城镇合理分工、功能互补、协同发展。要尽可能减少对自然的干扰和损害，节约、集约利用土地、水、能源等资源。要传承文化，发展有历史记忆、地域特色、民族特点的美丽城镇。① 2014年3月出台的《国家新型城镇化规划（2014～2020）》是今后一个时期指导全国城镇化健康发展的宏观性、战略性、基础性规划。

我国城镇化之路从某种意义上说是在进入21世纪之后在反思中重构的。随着城镇经济的迅速发展，我国不少地区在实践中坚持走国内实际和当地特色相结合的城镇化发展道路，并进行了积极有益的探索，取得

---

① 参见《中央城镇化工作会议公报》，中国广播网，2013年12月30日。

了不少成功经验。如苏南中心城市圈发展模式,其特点是有一个递进式的发展进程,城市建设由粗放式发展逐步转向集约式发展。这一进程大致分为四个阶段:一是小城镇建设阶段,即城镇化阶段;二是中小城市建设阶段;三是大城市和特大城市发展阶段;四是建设都市圈。① 有关学者从人类学的研究脉络切入,认为城市化文化转型的核心就是告别乡土社会,这不是简单地指乡村演变为城市或乡镇,而是将一种乡村文明与城市文明整合后的新的社会构想,这是自汉代以来就影响中国社会至深的农业文明开始向都市文明转型的过程,是中国乡土社会百多年来发生的深切而长远的文化转型的延续和深入,这一文化转型的过程虽然隐蔽而缓慢,却深刻地改变着中国社会。② 在城镇化进程及城市文化转型中,中国传统文化中的思想和精神在其中具有重要的指导作用。

(一)从法治角度

城镇化进程中涉及城市遗产和文物保护、乡土文化传承、自然资源环境保护等一系列问题,加强立法无疑是城镇化发展的重中之重。

1. 加强对古迹及文物的保护

面对全球文化和文化趋同的挑战,对于有价值的历史遗迹和人文景观,要从保护和发展两个层面进行设计。文化是发展的,而非停滞不前的,因此维护文化生存与发展的整体环境更为关键。针对古建筑的保护,具体有两个方面:一是古建筑的自然性破坏,如长期风吹、日晒、雨淋而造成的损失;二是人为的破坏,如搬迁、拆毁。我国城镇化进程中要解决的矛盾集中在后者,即如何使更多的古建筑在城市化带来的强拆中幸免于难,这迫切需要建立科学的、合理的符合中国国情的立法保护体系。西方经验告诉我们,这种立法必须具体、有针对性和层次性,上自世界文化遗产,下至各市县甚至各乡镇地方名胜,都要启动登录制度,制定相应法规或起草法规性文件。③ 改革开放以来,我国相继出台了一系列法律法规,为我国的经济建设和社会发展起到了保障作用;但问题是有法不依、执法

---

① 参见卢文:《我国城镇化建设的几种模式》,《城市管理》2004 年第 2 期。

② 参见周大鸣:《都市化中的文化转型》,《新华文摘》2013 年第 17 期。

③ 参见顾方哲:《欧洲古建筑保护体系的形成与启示》,《山东大学学报》(哲学社会科学版)2013 年第 3 期。

不严的现象目前还普遍存在。因此，应在完善有关法律法规的同时，提高执法人员的素质，加强执法力度，维护法律的尊严，真正为我国城镇化进程、文化遗产传承起到保驾护航的作用。

2. 加强城市规划中的立法

为了使城市的规划做到有法可依，我国在 1990 年颁布实施了《城市规划法》，城市规划正式被纳入法治的轨道。2008 年，针对近 20 年来城市规划及立法中存在的问题，我国又正式颁布实施了《城乡规划法》。目前已有部分省市颁布了地方性法规和条例，从立法上对城市规划进行规范。但是总的来看，我国目前的城市规划立法仍然比较滞后。相当多的地级市在规划和建设中把自己定位成现代化“国际大都市”，大量占用土地、大范围拆迁的粗放城市化，远离可持续发展，因此，有必要进一步加强城市规划立法工作。城市规划要从国情出发，要从当地的经济社会发展的实际情况出发，避免盲目攀比其他城市。要建立高效、低碳、生态平衡的建筑环境，特别要把生态文明建设放在首位。① 规划一经出台，还要确保实施，这样才能保证城镇化健康有序地发展。如杭州市通过人大立法对西湖进行保护，取得了良好的社会效应。

3. 提高民众的法律意识

新型城镇化建设会面临来自民众的接受、理解、应对与涵化，同时必然会出现种种冲突：国家政府的强势介入对原有生态造成了强烈的“扭转”，在“移风易俗”旗帜下原本主要供民众自用自享、在乡土社会中发挥自治功能的民俗系统被拆解得支离破碎。② 随着中国法治化进程的深入和网络的发展，我国的古建筑保护也应该学习西方成熟的体系，即学者居于主导地位，民众发挥重要作用，理论、法规作为修复保护的最高依据而得到尊重，政府有关职能部门只发挥协调作用，负责组织、实施工作。③

---

① 参见史晨生：《李延声：加强城市规划立法是城市发展的关键》，2011 年 3 月 7 日《中国产经新闻报》。

② 参见张士闪：《“顺水推舟”：当代中国新型城镇化建设不应忘却乡土本位》，《民俗研究》2014 年第 1 期。

③ 参见顾方哲：《欧洲古建筑保护体系的形成与启示》，《山东大学学报》（哲学社会科学版）2013 年第 3 期。

另外,在农村必须加强环保知识教育,加强环保法治建设,提高农民的环境意识与环保法律意识;加强民众对古旧城和特色城镇、文化村落和文物的保护意识。在城镇化建设进程中,民众是参与的主体,既要调动他们的积极性和创造性,为城镇化建设献计献策,也要提高他们的法律意识,增强其守法的自觉性。

(二)从城市意象角度

注重设计和建设一种有“意味”的景观形象,搭建具有形态识别意义的城市面貌,将本区域的文化历史内涵融入城市建设,发挥人文品牌效应。

1. 重视人与自然的和谐统一

中国传统文化重视人与自然的和谐统一,“天人合一”。根据这种思想,人不能违背自然,不能超越自然界的承受力去改造自然、征服自然、破坏自然,而只能在顺从自然规律的条件下去利用自然、调整自然,使之更符合人类的需要。一个民族的哲学与美学是其特有的思维模式与民族精神的表现,是其特有的地理环境、经济社会的产物。中国古代“天人合一”的人文思维模式与天人相合、阴阳相生的“中和之美”与“生命之美”,实际上是古典形态的生态之美。这种中国特有的古典形态的生命与生态之美长期以来并没有引起国内外学术界应有的重视,但在当今建设后现代语境下理应得到进一步发掘并彰显其特有的精神。《周易》所包含的人对自然的敬畏性、相关性以及生命性,恰恰符合当代生态哲学的基本内涵,非常可贵。① 当前,人类面临资源枯竭、气候异常、生态破坏、环境污染的严峻局面,对自己创造的城市文化应当进行反思,从而实现由工业文明的黑色发展转向生态文明的绿色发展。受“天人合一”思想的启迪,城市形象的设计有赖于对城市历史演变和未来发展趋势的深层理解和对城市资源优势的充分挖掘,将该城市特有的文化符号融入视觉识别体系中,这种视觉体系必须与城市的综合定位相统一,根据自然禀赋、区域环境容量实现多层次发展。

---

① 参见[美]大卫·格里芬:《建设性后现代思想与生态美学》上卷,曾繁仁译,山东大学出版社 2013 年版,第 95～97 页。

2. 文化遗迹和城市建筑的融合

中国传统建筑对宇宙图式的模拟与象征，“是要在建筑与自然之间建立同构联系，以表达人们期望与天地和谐共存、获得美好生活的文化理念与祈愿”①。特别是在规划建设大型公共建筑时，就必须充分了解当地的环境、气候、民族、风俗习惯、古建筑特点等情况，从中寻找到传统文化的内涵以及创作灵感，建造出传统文化与现代文化和谐统一的精品建筑。比如上海世博会的中国馆，就是历史传统文化与现代建筑完美结合的典范。同时，民俗和民间艺术所蕴含的丰富的文化底蕴和情感内涵，是地域文化不可或缺的组成部分。目前在中国城镇化建设中，已经开始注重对地域历史文化、民俗艺术等人文要素的运用，如民间艺术介入景观设计、中国元素运用于建筑等，试图营造出民族化、地域化的城市视觉景观。如著名的建筑设计大师贝聿铭融合苏州地域文化，所设计的苏州博物馆新馆成为一座集现代化馆舍建筑、古建筑与创新山水园林三位一体的综合性博物馆，充分尊重了所在街区的历史风貌。

城市的美常常与历史的联想联系在一起，历史能赋予人们以想象的空间。如果将历史放到城市成长的过程之中，让其给城市故事增添多彩的细节，城市就会变得丰满而有血有肉。这种城市故事之所以精彩，是因为历史活在了当代人的生活之中。

（三）从城市居民角度

新型城镇化建设的关键在于“人的城镇化”。城市的人文氛围可以看作“城市软环境建设”。如果说城市市政建设是“形”，那么城市的人文环境、市民修养则是城市的“神”与“魂”。中国传统文化中的儒家伦理以仁义为核心，推崇“重义轻利”“修己安人”“仁民爱物”“厚德载物”，讲究“忠恕”之道，对于当今时代也极有价值。

1. 以人为本思想为建设原则

人文主义或人本主义，向来被认为是中国文化的一大特色，也是中国文化基本精神的重要内容。以人为本，就是指以人为一切问题的根本。人为万物之灵，天地之间人为贵，这是中国传统文化的基调。以人为本是

① 徐怡涛：《中国建筑》，高等教育出版社 2010 年版，第 105 页。

新型城镇化建设的核心。我国城镇化建设要以居住在其中的居民为主，无论是建筑还是景观，都不能只追求浅层面的好看或者为了实现整齐而机械地重复建设。“美学城市”标榜着市民与城市在走向现代化、国际化过程中的共性、和谐与梦想。以“美学城市”为文化关照，新型城镇化建设应当更多地融入审美文化与审美精神，而审美的要素、经验和认知也将让城市规划和建设更加以人为本。[①] “人的城镇化”还包括节日、人生礼仪、艺术活动、信仰、家族等民俗传统，应成为城镇化建设的重要构建因素。城市的发展，还需要无所不在的小设计，街心公园、广场，城市设计要为这种活动留下空间。一座城市的美，要体现在这座城市的活态的生活之中，构成一个活的生活环境。

2. 传统文化思想的挖掘与弘扬

城镇化带来的是相对聚合的人文环境和氛围，是社会传统、文化风俗、信仰和价值观的进一步融合，是文化氛围的进一步提升。中国传统文化中的优秀思想，对社会主义核心价值体系的建设起到重要的推动作用。如“贵和谐，尚中道”作为中国文化的基本精神，以及“笃实宽厚”的中华民族传统美德、“兼容并蓄”的中国文化包容性格等，都在中华民族和中国文化的发展过程中起了十分重要的作用。在城镇化建设中，格外需要弘扬这些民族精神和美德，使城市原居民乐于接受城市新居民，接纳不同群体的意见，以促成新城市的和谐发展秩序。

3. 保护民俗艺术以凝聚民族精神

民俗艺术特指“传承性的民间艺术，或民间艺术中融入传统风俗的部分。作为文化传统的艺术符号，在岁时节令、人生礼俗、民间信仰、日常生活等方面广泛应用。‘传承’‘传统’和‘群体性’是民俗艺术的特征，民俗艺术具有深厚的文化背景和坚实的社会基础”[②]。艺术的价值在于它是对当时当地历史文化、环境、情感、观念、思想等的综合体现，是人本身及人性的表达和心灵的体现。民俗艺术之所以能够扎根于民间，在普通民众中间世代相传，其主要原因是民俗艺术饱含着深厚的文化内涵，保留着

---

① 参见卜希霆、齐骥:《新型城镇化的文化路径》,《现代传播》2013 年第 7 期。

② 陶思炎:《论民俗艺术学的研究》,《东南大学学报》2008 年第 1 期。

民族生存的丰富信息，凝聚着永恒的民族精神。① 正是因为不同地域、不同民族所形成的各自民俗艺术的独特性，才会让人无论离开家乡多远，都会“记得住乡愁”。在城镇化进程中，无论是城市还是农村，其发展状况都与现代性密不可分。大量快餐文化令人目不暇接，但多转瞬即逝，难以长久留存、扎根于人们心间。因此，作为地域文化的象征，民俗艺术往往起到提升城市影响力的城市品牌作用；作为民族文化的符号，起到承载传统民族精神，唤醒民族共同体意识，从而建立起与传统文化的情感联系的作用。城镇化需要从文化传承的角度保护民俗艺术，为其提供存活的土壤，把民间艺术与现代生活结合起来，增强国人对中华文化艺术传统的自豪感，凝聚民族精神。

总之，从国家连续出台的有关城镇化发展政策来看，坚持走中国特色新型城镇化发展道路，总结过去我国在推进城镇化进程中的经验教训，对我国城镇化战略进行继承、调整和优化，将促进我国城镇化持续、健康、稳定和高效发展。要体现尊重自然、顺应自然、天人合一的理念，依托现有山水脉络等独特风光，让城市融入大自然，让居民望得见山、看得见水、记得住乡愁。从 2012 年十七届六中全会到十八大会议，再到 2017 年年初国务院一系列重大决策，都体现了中央对于大力弘扬中华民族优秀传统文化的决心。正如习近平总书记在曲阜视察时讲到，“对历史文化特别是先人传承下来的道德规范，要坚持古为今用、推陈出新，有鉴别地加以对待，有扬弃地予以继承”②。随着各国经济、文化竞争的加剧，城市对传统文化的传承和城市文化传播研究将越来越彰显其价值，迫切需要系统梳理现实问题并提出可行性对策以指导现实，同时丰富我国的城市理论成果。

第二节　传播学相关理论的研究启示

一、议程设置理论

虽然议程设置理论从提出到应用绝大部分都在新闻传播领域，但是

① 参见张兰芳：《现代语境下的民俗艺术传播》，《民俗研究》2013 年第 2 期。

② 《习近平山东之行：从传统文化中寻找“正心之治”》，齐鲁晚报网，2013 年 11 月 29 日。

在艺术传播中,议程设置也发挥着显性和隐性的作用。本书所涉及的艺术博物馆传播体系,议程设置理论从外部建筑空间、内部展线设计,到展览前的艺术评论、展览前中后期的媒体宣传、配合展览进行的公众项目等等都起到重要作用,尤其是艺术博物馆在运用大众媒介进行混合性传播时,议程设置发挥着重要作用。

(一)"议程设置功能"理论渊源

作为一种理论假说,"议程设置功能"最早见于美国传播学家 M. E. 麦库姆斯和唐纳德·肖于 1972 年在《舆论季刊》上发表的一篇论文,题目是《大众传播的议程设置功能》。这篇论文是他们在 1968 年美国总统选举期间就传播媒介的选举报道对选民的影响所作的一项调查研究的总结。该理论认为,大众传播往往不能决定人们对某一事件或意见的具体看法,但可以通过提供信息和安排相关的议题来有效地左右人们关注哪些事实和意见及他们谈论这些事实和意见的先后顺序。大众传播可能无法影响人们怎么想,却可以影响人们去想什么。议程设置是大众传播媒介影响社会的重要方式,其观点主要来自政治学。李普曼在《舆论》一书中最早提出该思想,它被认为是传播学领域的奠基之作。

(二)议程设置理论的主要观点

1. 大众媒介往往不能决定人们对某一事件或意见的具体看法,但是可以通过提供信息和安排相关的议题来有效地左右人们关注某些事实和意见,以及他们议论的先后顺序。

2. 大众传媒对事物和意见的强调程度与受众的重视程度成正比。该理论强调:受众会因媒介提供议题而改变对事物重要性的认识,对媒介认为重要的事件首先采取行动。

3. 媒介议程与公众议程对问题重要性的认识不是简单的吻合,这与其接触传媒的多少有关。常接触大众传媒的人的个人议程和大众媒介的议程具有更多的一致性。

4. 对受众的影响因素除了媒介所强调的议题外,还包括其他因素。这些影响包括对态度和行为两方面的影响。

(三)议程设置理论的特点

1. 传播效果分为认知、态度和行动三个层面,这些层面同时也是一个

完整意义上的效果形成过程的不同阶段。“议程设置功能”假说的着眼点是完整意义上的效果形成过程的最初阶段，即认知层面上的效果。

2. 议程设置理论所考察的，是作为整体的大众传播具有较长时间跨度的一系列报道活动所产生的中长期的、综合的、宏观的社会效果，着眼的是日常新闻报道和信息传播活动所产生的影响。

3. 议程设置理论暗示了这样一种媒介观，即传播媒介是从事“环境再构成作业”的机构。

（四）议程设置理论的应用

1. 建立共识，实现对话：通过议程设置，媒介可以使意见相左的团体就某些议题达成某种一致，从而实现不同团体的对话。

2. 强化责任感，引导舆论：记者对新闻事件的评判在很大程度上影响着公众关注与该事件相关的议题，故记者的责任心就很重要。

3. 构造事件，吸引眼球：公关人员要想捕捉公众的注意力，就应该以恰当的方式来“构造”相应的媒介事件。

（五）议程设置理论的意义

1. 议程设置理论从考察大众传播在人们的环境认知过程中的作用入手，重新揭示大众传媒的有力影响，为效果研究摆脱“有限论”的束缚起了重要的作用。

2. 这个理论中所包含的一项重要观点是传媒是“从事环境再构成作业的机构”，从而重新提出了大众传播过程背后的控制问题。

3. 议程设置理论对我们详细考察传媒的舆论导向过程具有一定的启发意义。

4. 议程设置理论为人们认识传播与社会提供了一个新的角度。

（六）议程设置理论对本书的启示

议程设置理论所考察的，是作为整体的大众传播具有较长时间跨度的一系列报道活动所产生的中长期的、综合的、宏观的社会效果。艺术传播要达到的效果同样如此。艺术博物馆的教育、美育、文化传播功能所要实现的都是对人们思想的启迪，唤醒其艺术灵感，给人们真善美的享受。合理运用议程设置理论，可以将艺术传播活动中“前传播”中储存的精神能量有效释放出来，作用于混合传播，从而产生长期、综合、宏观的社会效果。

"传媒是从事环境再构成作业的机构"的观点,重新指出了大众传播过程背后的控制问题。艺术博物馆作为一种媒介,同样是"从事艺术环境再构成作业的机构"。从媒介特征来看,艺术博物馆是持续不断地进行知识生产,构建共同艺术想象体,针对受众的意义阐述、文化知识信息的交换体系,营造情感共鸣的艺术情境、建构集体活动的公共空间。议程设置理论将在传播环境、传播内容、传播策略等方面对本研究有重要理论支撑。

具体来说,艺术博物馆空间议程设置有三个层面:一是国家、地域文化和民族信仰的层面,力图建构一个国家或者民族共同的艺术想象,或者一个城市的文化气质和城市符号(艺术博物馆代表着国家或者地域形象,媒介即环境);二是博物馆建筑风格和建筑外部空间的层面(艺术博物馆建筑本身就是一种艺术,媒介即信息),传统经典建筑和现代风格建筑会给受众不同的感官体验;三是艺术博物馆内部空间及展线的议程设置。

在互联网时代,网络议程设置研究逐步深入,社会化媒体强调议题从传统媒体中借鉴背景内容,议程设置理论正吸纳所有的媒体,而"导向需求"理论在社交媒体中依旧适用。这启示本书注重运用社交媒体,配合传统大众媒体形成合力,共同作用于受众。议程设置理论在当下的新媒体时代有了新的发展:学者们延展议程设置的思考方式,使其同时适应新媒体和旧媒体,也适应所有信息交换的环境和许多社会科学研究的领域,议程设置的研究范畴更为广阔。比如,唐纳德·肖在北卡罗来纳大学教堂山分校接受中国访问学者袁潇的访谈时提到,传统媒体倾向于提供关于我们思考什么的重要观点,而社交媒体提供了思考些什么的方式。[①] 从某种程度上,和议程设置的第一层主题相对照,议程设置理论的第二层是关于属性(attributes)的传递,而第三层是感情(felling, affection)的传递。艺术博物馆传播中的议程设置应用,在空间、文化和内容三个部分都起到重要作用,第三层面的感情传递尤其适宜于艺术传播领域。文化议程、内容议程的设置都不仅限于告诉我们应该思考什么,更多的是在文化的集体记忆、身份认同和艺术的共同想象中提供感情的议程设置。作为

① 参见袁潇:《数字时代中议程设置理论的嬗变与革新——专访议程设置奠基人之一唐纳德·肖教授》,《国际新闻界》2016 年第 4 期。

艺术博物馆的传播内容，持续不断的展览和公共教育活动都是“知识生产、意义阐述、社交互动”的重点，“内容为王”同样适用于艺术博物馆这种媒介。举办什么样的展览、设计什么样的公教活动、采用什么样的传播策略、展览前的艺术评论、展览前中后期的媒体宣传等等议程，都需要策展人和艺术博物馆相关部门人员进行“重要性”的排序，且不同时段活动的重点、议程设置都应有所变化，呈现一种动态的过程。

总之，议程设置理论涵盖艺术博物馆从城市符号到外部空间、内部展厅的整个空间范围，贯穿艺术前传播、混合传播、话题事件扩张性传播的全过程。这是本书最重要的传播学理论基础，并和培养理论、拟态环境等其他理论密切联系，共同发挥作用。

二、培养理论

(一)培养理论的概念

培养理论也称“培养分析”或“教化分析”“涵化分析”。格伯纳等人认为，现代社会传播媒介提示的“象征性现实”对人们认识和理解现实世界影响巨大。由于传播媒介的某些倾向性，人们在心目中描绘的“主观现实”与实际存在的客观现实之间发生着很大的偏离。这种影响不是短期的，而是一个长期的、潜移默化的、培养的过程。它在不知不觉中制约着人们的现实观。在这个意义上，格伯纳等人将这一研究称为“培养分析”。

(二)培养分析理论的外围研究

培养分析是以一定的社会观和传播观为出发点的。它的基本观点是，社会要作为一个统一的整体存在和发展下去，就需要社会成员对该社会有一种“共识”。提供这种“共识”是社会传播的一项重要任务。格伯纳认为，大众传播不仅是现代社会的“故事讲解员”，而且是缓和社会矛盾冲突的“熔炉”，是维护现存制度的“文化武器”。培养分析一方面肯定“共识”是社会作为一个统一整体存在的前提，强调大众传播在形成“共识”过程中的巨大作用；另一方面又指出大众传媒所提供的“象征性现实”与客观现实之间的距离，以及传媒的一些倾向所带来的社会后果。培养分析尤其强调电视媒介在形成“共识”中的作用。

(三)培养分析的核心观点

传播内容具有特定的价值和意识形态倾向，这些倾向通常不是以说教而是以“报道事实”“提供娱乐”的形式传达给受众的;它们形成于人们的现实观、社会观之中。20世纪80年代以后,培养理论学派还提出了“回响效果”理论。“回响效果”理论是指,当电视世界的经验与个人经验趋于一致时,培养效果会如同空谷回音一样显著扩大。这又与选择影响理论有异曲同工之妙。

(四)对本书的启示

国际艺术教育的目的在于赋予青年人以文明感,培养其创造力,传授其有效的沟通能力。在对受众尤其是青少年的美育过程中,博物馆公共教育活动中的“孔子学堂”“艺术星期五——走进学校和社区”等活动,都是运用长期的艺术传播策略以达到潜移默化地接受艺术和提高审美意识的效果。当前艺术博物馆公共教育项目为提高自己与他人生活的相关性和可及性,将涵养艺术修养的过程扩展到日常生活中,通过开展第三空间艺术课堂,为艺术表现、艺术传播提供了社会平台,扩大了受众的可及性。一般国内外艺术博物馆的教育规划项目有教授艺术史及艺术技法、在展厅里解读艺术作品、定期组织讲座(类似于“观看的方式”);现代艺术博物馆要策划相关活动引导公众理解和欣赏现代艺术中新奇的艺术形式。有文艺美学专家提出:“那些具有文学、理论或者哲学背景的人往往会更多关注‘看出’,希望找到作品背后的深意。哲学家看艺术和物理学家看艺术各有不同,他们看到的往往是自己希望看到以及他们的知识结构规定了的能够看到的东西。”①从传播学角度来说,这里哲学家和物理学家对艺术作品的解读可以有效验证“回响效果”理论。

培养理论在媒介的艺术评论、展览报道、艺术家访谈、艺术家的名望、声誉和作品中传达的艺术内容中共同发挥作用。常关注艺术博物馆展览信息、艺术评论,听艺术讲座的受众与不常关注此类信息的受众相比,对展览的解读自然差别很大。纽约视觉艺术学院芭芭拉·波拉克教授提出,做一个国际型的策展人,要“经常阅读艺术史、艺术杂志和世界艺术新闻网站;每个月都要去艺术博物馆看展览、练眼睛;通过博物馆的展出目

① 张文:《复调与交响——我院学者聚谈绘画的欣赏》,山东大学文学院网站,2016年11月16日。

录介绍来领会展览意图”。培养理论在博物馆传播中的运用,有时需要和拟态环境、分众理论结合起来。如大众传播媒介的节目既将中华优秀传统文化进行了生动性表达,又积极运用了媒介融合形式,让繁忙的现代人能够“快速充电”,了解文物背后的文化意义,增强其对文化遗产的认知度。新时代电视与网络媒介对博物馆文化信息、民族精神的传播更加多元化、立体化;博物馆提供“文化宝库”“国家宝藏”等高品质的传播内容,并通过新的阐释手段,吸引更多的观众群体。

三、拟态环境理论

(一)“拟态环境”概念的提出

李普曼于1922年出版的《舆论学》认为,现代社会变得越来越巨大和复杂,对超出自己经验以外的事物,人们只能通过各种新闻供给机构去了解。这样,现代人的行为在很大程度上已经不是对真实的客观环境的反映,而成了对大众传播提示的“拟态环境”的反映。所谓拟态环境,就是我们所说的由大众传播活动形成的信息环境,它并不是客观环境的镜子式再现,而是大众传播媒介通过对新闻和信息的选择、加工和报道,对其加以结构化以后向人们所提示的环境。而传播媒介大多具有特定的倾向性,因而“拟态环境”并不是客观环境的再现,只是一种“象征性的环境”。拟态环境的重要观点是,大众传播形成的信息环境(拟态环境),不仅制约人的认知和行为,而且通过制约人的认知和行为来对客观的现实环境产生影响。

(二)拟态环境的特点

早在20世纪20年代,美国著名政论家李普曼就在其所著的《舆论学》一书中论及拟态环境问题,并首次使用“Pseudo-environment”一词。拟态环境有如下特点:一方面,拟态环境不是现实环境“镜子式”的摹写,不是“真”的客观环境,它或多或少与现实环境存在偏离。另一方面,拟态环境并非与现实环境完全割裂,而是以现实环境为原始蓝本。李普曼认为,在大众传播极为发达的现代社会,人们的行为与三种意义上的“现实”发生着密切的联系:一是实际存在着的不以人的意志为转移的“客观现实”,二是传播媒介经过有选择的加工后提示的“象征性现实”(即拟态环境),三是存在于人们意识中的“关于外部世界的图像”,即“主观现实”。

人们的“主观现实”是在他们对客观现实的认识的基础上形成的,而这种认识在很大程度上需要媒体搭建的“象征性现实”为中介。经过这种中介形成的“主观现实”,已经不可能是对客观现实“镜子式”的反映,而是产生了一定的偏移,成为了一种“拟态”的现实。

(三)对本书的启示

拟态环境在艺术传播活动中,通过艺术博物馆内部环境的各种媒介,尽可能地重建艺术品原有的环境,给受众极强的历史代入感,从而更好地去欣赏艺术品,最大限度地获取艺术作品中的“精神能量”和“灵韵”。这部分内容将在后续章节有关艺术博物馆的空间传播中重点论述,并以梵高博物馆创设的拟态环境为例进行分析。

在艺术博物馆的话题事件传播中,尤其是涉及艺术展览传播内容的焦点事件,受众在无法到达现场的情况下,通过大众媒介了解展览,往往会受到拟态环境很大程度的影响。

另外,拟态环境对城市文化的传播、城市符号的凝结以及城市形象的建立具有重要的作用。我们对世界上某个城市的印象往往是通过电影、电视、期刊、杂志而建立的,对世界著名的艺术博物馆也是如此。传播学领域的学者从媒介和空间的角度对文艺作品中的中国城市视觉经验进行梳理,并以当代电影、电视剧中的城市意象为研究对象,对城市形象传播进行考察,进而解读出城市的独特文化内涵。① 博物馆同样具有这样的传播影响力,而且城市的文化艺术氛围、艺术媒介生态与博物馆的传播效果密切相关。

---

① 参见王玉玮:《电视剧城市意象研究》,暨南大学出版社2010年版,第4页。

第二章　博物馆的媒介构成与传播模式

第一节　博物馆的媒介本质

一、作为媒介的博物馆

媒介是传播学的核心概念之一，其大致有两种含义：第一指信息传递的载体、渠道、中介物、工具或技术手段（如语言、文字、报纸、电视等）；第二指从事信息的采集、加工、制作和传播的社会组织（如报社、出版社、电台、电视台等）。在麦克卢汉看来，媒介即讯息，是人的延伸；只要能够发出对人类有感的信息，万事万物均可以成为媒介。不少传播学者认为，媒介不仅通过它的内容影响人的认识、价值观和行为，一种媒介的出现、使用和普及以及它所形成的媒介工具环境本身，都会在很大程度上改变人的个性和人格。① 依据媒介的理论和概念可知，艺术博物馆本身就是一个媒介，而且它的内容传达着艺术信息、知识以及隐藏在其中的文化价值观和情感。博物馆在精神文化方面对观众的启迪体现在营造环境空间及意境文化的氛围方面，不同城市的博物馆对观众而言有不同的感受和体验，它成为观众领略、理解、诠释和尊重文化的媒介，将人类历史和精神文明代代传承。黄光男先生说："博物馆本质上，也可称为某种形式的媒体，借之功能的发挥，把过去人类所储存的经验与知识，利用文物、美术品、建

① 参见郭庆光：《传播学教程》，中国人民大学出版社 2011 年版，第 121 页。

筑、文字等物质与记号，传达给人类大众。”博物馆在传达各种信息的过程中往往需要借助其他媒体的力量，这充分体现了传播的价值和力量。在大众传播蓬勃发展的今天，新媒体手段层出不穷，艺术博物馆的传播在媒介融合环境下愈加重要，其承载的民族历史、文明在国际传播、城市传播中发挥着越来越重要的作用，其教育传播、艺术传播在新媒体的推动下也呈现出更加丰富的样式。艺术博物馆作为媒介，自身具有不同于报刊、影视、网络等媒介的独特特征。严建强教授曾在 2017 年“博物馆传播与认知”的国际会议上作了区别：一是符号图像显性/隐性；二是媒介与受众空间的关系；三是传播者对受众的行为与注意力的控制；四是对过程与动态展开叙述的时序；五是作用感官的方式。他指出，博物馆学习具有两个完全不同于普通媒体的特点，即学习场所的“空间”属性与学习对象的“物”的属性。他认为，“博物馆是观众在特定空间里，在行走与站立交替运动中，通过观察和操作来进行学习的场所”。他进一步指出，由于博物馆的“物”的信息是隐性的，博物馆的展览便成为一座沟通观众与实物的桥梁，博物馆人需要通过可视化、组合、陈列语言、辅助展品等阐释手段帮助观众理解展品实物。博物馆也因其特有的空间性将现存的其他媒体装入自己的空间内，在调动观众的多种感官（视觉、听觉、嗅觉、味觉、触觉……）、多元叙述与多样化表达中拥有无与伦比的优势。但值得强调的是，博物馆传播策略制定者应针对传播的难点、优势进行中肯的分析，因地制宜地进行传播选择，从而切实提高博物馆的传播能力。① 艺术博物馆同样具有上述媒介特征，但是因艺术品作为展品意义上的隐含性，它还具有一些特殊的媒介特征。

艺术创作和欣赏原本是私人的事情，而艺术作品本身也是感性表征的审美产品，然而在社会结构的现代化变革中，人类的艺术传播活动不仅促发了社会结构的现代转型，而且在艺术的公共传播实践中建构起艺术文化的公共领域。② 中国进入大传播时代以来，艺术传播活动在传播媒介的语境下产生了一种新型的社会文化形态——大众文化，社会公共文

① 参见《从“物”到“人”——基于认知的传播，在传承中突破的博物馆学》，http://www.3023.com/6/39940916.html，2017 年 4 月 12 日。

② 参见陈鸣：《艺术传播教程》，上海大学出版社 2010 年版，第 193 页。

化空间中存在着多元文化形态。传播媒介是艺术作品的公共传递介质，由传播机构和传媒介质构成。一方面，传播机构是艺术的公共传播通道，通过选择、制作、复制、传递和展映等方式，将艺术作品由私人领域引领至公共领域，从而建构起艺术传播的公共空间；另一方面，传媒介质是文化传媒产品的媒质，在为艺术作品提供物质容器的同时，也使艺术作品获得了文化传媒产品的身份。①

在全球化视角下，许多人认为一件艺术品或者某一文明绝非孤立隔绝的事物，而是与其他文明通过各种方式产生关联并相互交流影响，因此用民族国家意识浓烈的经典研究模式来处理艺术史问题显然不够全面。在2016年北京召开的世界艺术史大会上，外方主席埃娃·特勒伦贝格(Eva-Maria Troelenberg)由此强调了媒介的重要作用。在身处“全球化转向”的历史时刻，需要面对的问题是艺术史和视觉理论在此时应该发挥怎样的作用。媒介本身一方面充当“经典”的组成部分，另一方面又在挑战“经典”，这将为艺术史继续在全球化大潮中传承经典又有所创新，构建多元文化下的艺术史体系提出新的要求。

二、博物馆的传播模式

博物馆文化传播的媒介形式有两类：一是面对面模式，即“观众—文物实体”文物信息模式（在博物馆里直接观看展品）；二是间接模式，即“受众—媒介—文物”文物信息模式（在博物馆里观看辅助媒介，或者在博物馆外通过大众媒介获得文物的信息，感受展品的内在价值和文化内涵）。因介质不同细分为三种模式：

受众—平面媒介—文物信息（介绍展板、报纸杂志、展览海报）；

受众—电视媒体—文物信息（电子屏幕、电视鉴宝、博物馆类的节目）；

受众—网络媒体—文物信息（虚拟博物馆、博物馆网站、移动客户端、社交媒体）。

这些不同的媒介传播形式适合于不同的博物馆文化的传播，比如以面对面静观视觉艺术为主的艺术博物馆，以体验参与媒介传播的历史文化博物馆，通过电视、网络媒体展现国际一流展品的博物馆等。

---

① 参见陈鸣：《艺术传播教程》，上海大学出版社2010年版，第38～39页。

（一）博物馆内部的混合模式

基于媒介理论的视角，博物馆的“媒介空间”是指由各种传播媒介所构筑的，包括物质的、精神的，真实的和想象的空间。它不仅涉及媒介中的内容，还包括承载这些内容的媒介形式。下面以瑞典首都斯德哥尔摩的诺贝尔博物馆为例。

诺贝尔博物馆旨在传播知识以及通过有创造性的学习与展览方式、利用现代的技术和优雅的设计，创造围绕自然科学文化的话题和讨论。

1. 提供一个创造性的环境。在博物馆内，观众可以对照时间背景，漫步时空，体验诺贝尔奖的百年发展之路。很多有工作人员引导操作的实验台构思，源于诺贝尔奖的思想创意。

2. 多维度的呈现方式。通过天花板上独特索道的移动，向观众随机展示每位获奖者的画像及颁奖辞；而脚下，亦有与观众合影拍照的诺贝尔奖章。

3. 启发思考的影片。诺贝尔获奖者的工作是一段成功与失败交错的历程。这些短片讲述了诺贝尔获奖者不断寻找新的思路来解决研究中的难题、永不言弃的精神。在短片中，观众会看到居里夫人的实验室，也可以通过短片进一步了解尼尔斯·玻尔的智囊团。

4. 博物馆餐厅。在创造性的环境中，观众往往会发现许多非正式的会议场所，用于自发性的非计划会议。诺贝尔博物馆餐厅是维也纳、柏林和巴黎餐厅文化的一个缩影，餐厅椅子的下面还有获奖者的签名。博物馆餐厅还获得了北欧白天鹅环保商标的认证。

5. 即时研究。诺贝尔博物馆是一座知识宝库，让身处其中的观众积极开展研究，举办有关当前热门问题的研讨会、演说和讨论。

6. 博物馆商店。诺贝尔获奖者的“创造性”也可以在博物馆商店中找到。这里是了解更多有关诺贝尔获奖者及各奖项领域知识的乐园，商店出售诺贝尔巧克力奖章。

7. 家庭活动——泡泡屋和“走向我自己的诺贝尔奖”。在诺贝尔博物馆的泡泡屋里，可以了解到有关诺贝尔奖的更多信息。“走向我自己的诺贝尔奖”是帮助小朋友探索博物馆的绝佳方法。“可以用旧模型做些什么？”这种问题可以在诺贝尔博物馆里找到答案。

8. 语音导览。时长约 60 分钟。

9. 个人创造力。通过 33 部短片，展现诺贝尔获奖者在科学、文学与和平领域的突破性成就；此外，还将展示获奖者的相关成果。每部影片长约 3 分钟。

从这个博物馆内部空间和媒介应用来看，媒介空间、辅助展板、展品、视频、体验活动、语音导览等得到了广泛应用。受众在博物馆内的参观是在混合传播模式下进行的，各种传播形式并没有严格的区别。但首要一点是切合主题，所有媒介要服从主题之内的需求、定位、内涵、结构，要把陈列语言表述清楚，陈列的空间、环境、氛围、色彩、造型、灯光、标牌等都要服务于主题，这就是博物馆的媒介定位问题；此外，单一媒介传播策略还要服从于混合传播效果。

（二）博物馆外部的间接传播模式

博物馆在向数字化和智能化迈进的同时，传播模式和传播介质也更加多样化。在完善和提升基础展陈的同时，博物馆也开拓了网站、微博、微信等新型的传播媒介。一些实力较强的博物馆已经开始采用 4D 剧场、AR、VR 等技术含量较高的传播模式。传统的纸质媒介也更加多样化，图录、科普读物、教材、宣传册页、简介、期刊等出版物得到大力推广和发展，系统化、立体性的传播体系为博物馆和大众架起了文化艺术沟通的桥梁。当前间接媒介传播有以下形式：

1. 博物馆类（电视节目）。当前纪录片、综艺节目的热播，折射出国人对节目背后延伸出来的传统文化的关注。《国家宝藏》节目融合传统访谈、小剧场、纪录片、现场展示等多种艺术形式于一体，多角度、多侧面来讲解历史与文物。这类电视节目同时具有积极的互动性和快速传播的网络特征。2018 年 1 月 1 日 CCTV-9 频道首播的百集纪录片《如果国宝会说话》，第 1 集是《太阳神鸟金箔　这款美瞳我要了》，酷酷的先导片和趣味十足的海报使得节目未播先火。“用文物讲文物，用文物梳理文明”，让更多的人了解璀璨悠久的中华文化，看到中华之美。与《国家宝藏》文博探索类节目不同，《赢在博物馆》则是中央电视台在 2018 年春节期间播出的以博物馆为主题的青少年益智节目。

2. 二次元广播剧（音频形式）。《博物馆闭馆后，文物都会聊什么》《国宝真的说话了》等节目瞄准年轻受众,相对于动漫视频而言,制作简单又经济可行。

3. 网络直播(视频形式)。上海芝麻学社 Ahaschool 的网络直播课程获得了数十万家庭的青睐。2017 年暑假和 2018 年寒假,《十万少年漫游世界十大博物馆》第一、二季兼顾历史和艺术的范畴,在自然和科技领域为孩子们打开通向新世界的大门。

4. 网站和微博。其媒介特征为"互联网+文博"。截至 2017 年 11 月,文博微博总阅读量为 230823 万,粉丝总量为 2029 万,互动总量为 4365 万。阅读量、粉丝量以及包括转、评、赞和私信在内的互动量较 2016 年都有大幅度提高。

5. 话剧、戏剧和情景剧。不仅有电视节目,博物馆还把自己的历史编排成了话剧,比如 2017 年 9 月故宫博物院的《海棠依旧》在北京保利剧院的公益演出再一次引发轰动,让观众真切感受到文博人的坚守与传承。教育戏剧是一种沉浸式体验方法,是将戏剧方法与戏剧元素应用在教学或社会文化活动中,让观众在参与互动中不断思考,在听觉、视觉、感觉中不断涌出具有创造力的想法。2017 年,为配合广东省博物馆的"泰坦尼克号文物精品展",该馆与教育戏剧名师苏毅合作,推出"泰坦尼克上的生死之间——教育戏剧工作坊"。该活动面向 18 岁以上的观众,时长 4 个小时,活动内容分 3 个环节,分布于多个馆内场所。该活动旨在以教育戏剧的方式,让观众更真切地感受当时船上所发生的事件,思考有关生命的问题。2017 年 3 月 9 日,北京汽车博物馆举行"雷锋,一个汽车兵的故事"系列活动,其中《雷锋》情景剧环节是该馆重点推出的一部主旋律作品,由博物馆工作人员与志愿者服务团队一起自编、自导、自演,以倡导、宣传雷锋精神为主线。

6. 在线课程。线上教育在正规或非正规教育领域都不是一个新鲜词汇,即便是国内博物馆也在线上教育上有过初步的开发探索,但是对于受众群有一定的限制(例如只对合作学校开放等)。在 2017 年 11 月 29 日重新开馆的湖南省博物馆的新网页中,却提供了面向公众的线上教育内容。

中华文化的传播是一个渐进的过程,博物馆在这个过程中也在不断

发掘新的形式，积极与国际机构合作，把自身所承载的优秀传统文化面向世界推广。2017年11月17日，“兵马俑史密森尼数字教育项目”在美国上线，秦始皇帝陵博物院积极推动文化的国际推广工作，和史密森尼协会携手，以数字平台为载体，结合兵马俑文化特征，共同致力于提高基础教育的老师和学生对如何使用博物馆数字资源支持课堂教学的理解，以及丰富中国历史和文化的教学，加强中美的文化合作。

7.互动平台。2017年6月在成都，全国首家城市级的青少年互动教育平台——“天府文化青少年互动教育平台”网络版本和客户端版本正式上线。该平台凭借“互联网＋文化＋教育”的创新模式，从青少年视角出发，通过现代数字技术应用，对成都地区主要博物馆和文化坐标以多媒体方式进行呈现和趣味体验，寓教于乐且互动性强。该平台也为博物馆青少年教育功能作出了有效补充。

8.湖南省博物馆于2018年1月在微博、微信及各大视频网站推出全国首部博物馆题材手绘科普微视频《汉代穿越指南》。这是贯彻落实国家文物局关于《“互联网＋中华文明”三年行动计划》要求，利用新媒体、移动互联网等新技术手段，深度开发利用文物资源，弘扬中华优秀传统文化的又一次积极尝试。解读马王堆汉墓出土文物的趣味微视频节目共有5集，每集约3分钟。通过把湖南省博物馆馆藏的极具代表性的马王堆汉墓出土漆器、服饰、化妆用具、养生用品、乐器、帛书等不同文物放到汉代生活的不同场景来解读文物，讲述文物故事。整部微视频用手绘动画的方式，从一个“穿越”到汉代的现代人视角和生活习惯入手，通过趣味叙事的方式，向观众展示汉代饮食、时尚、娱乐、星座、养生等方面的美好生活。

第二节　博物馆的媒介特征及构成

一、博物馆的媒介特征

(一)持续不断的内容生产

博物馆的使命就是在这瞬息万变的世界上收集和展示有价值的艺术品，提供一个展示当下与过去之间不间断的文化传承的场所。这是艺术博物馆作为媒介的传播主体最重要的特征。传播学中常常提到“内容为王”。无论是传统媒体还是新媒体,媒介形式永远替代不了传播内容的重要性。对媒体来说,只要内容在手里,没有渠道也可以创造渠道,新媒体不过是新的渠道。对艺术博物馆而言,受众来这里的首要原因是“参观展览”,常设展览和特展巡展都是持续不断的内容生产。王璜生从“知识生产”的角度出发,提出美术馆不仅因其特殊的空间而成为知识生产的一种物质性场域,也因其综合的职能而转变成为知识生产的一种主体。艺术博物馆通过展览的策划,促发新的观点,启发新的学术导向,催发新的知识增长点,在一种视觉的交互作用场中形成新的表述意义。[①] 另外,根据知识生产的链条与方式(研究—收藏—档案—策展—展示—陈列—公众交流—社会传播[②])可知,艺术博物馆的“策展人”相当于其他大众媒体中的“把关人”——艺术展览的内容将取决于策展人的专业水准,处于艺术博物馆“内容生产—展览设计—公众交流—社会传播—知识获取和情感启迪”整个链条的最前端。艺术知识是累加型的,通过不断的积累,可以实现从量变到质变、量的关联到质的飞跃。作为综合性媒介,博物馆除了与大众媒介一样注重展览内容的准确、知识领域的厚重丰富性和传播过程的客观性外,其内容生产者、供给者、传播者还要注重为受众提供培育真善美价值观以及构建想象共同体的展览内容。

(二)博物馆具有文化信息的交换体系

博物馆作为大众媒介、文化媒介、知识媒介的作用越来越重要,所承担的社会角色也逐渐向“文化民主化”方向发展延伸——观众在博物馆获取知识、接受教育的同时,也在参与表达和共同建构知识体系。博物馆不同于一般的媒介如报刊、电视,它是依赖观众日积月累的“依恋”而达到大众化的传播效果,实现文化的传承性和民主化。博物馆是传播地域文化的重要载体。对艺术博物馆的内容传播而言,其又具有“显性”和“隐性”两种形式,其中“显性”内容是历史文化与艺术信息类的知识,能够通过展览介绍、艺术品的标签、展览图册等以文字形式呈现出来;另外还包括艺

---

① 参见王璜生:《知识生产:美术馆的发动机》,2013 年 1 月 9 日《中国艺术报》。

② 参见王璜生:《再谈美术馆与知识生产》,《美术观察》2015 年第 5 期。

术家的信息、艺术创作的风格流派等等与艺术史相关的内容。艺术博物馆这种媒介本身也是文化的组成部分，它参与建构着城市文化和国度文明，同时又通过巡展和特展与其他艺术博物馆进行着异域文化信息的交换与跨文化传播。在这个交换体系中，受众的品位通过对展览的评价和参与度反馈于艺术博物馆和策展人；艺术博物馆以各种形式的展览和社会公共文化活动构建起艺术与生活、历史文化与当代文化的交流互动平台。

（三）博物馆具有针对受众的意义阐述

媒介是表意的工具，通过表意过程建构意义，呈现给阅听者关于世界的图景。艺术博物馆中的各种展览具有多种不同的意义系统，契合了文化取向的传播观，即"将传播看成共享意义和空间的建构过程"①。艺术博物馆不仅促使受众形成对艺术史的洞察力，同时它也是对我们人类自身的审视。其"隐性"内容具有隐喻性质，即在艺术品和展览中隐藏的意识形态、价值观、精神能量、情感等内容，需要受众去意会，而且受众中也有各不相同的阐释群体，每个意义系统都需要单独阐释，不同受众获得的启迪相差巨大。博物馆是一种"代表地点和身份认同的地点"，同时也是这种集体记忆的"文化客体化"。在博物馆中总是有特定的文化产物被挑选出来进行公开的保存和展示，并最终传承于后世。博物馆空间的展示总是显示着时间的绵延，展品的时间维度与特定的文化记忆相联系，参观者在其间的参观活动则作为对某种集体性文化的回忆，同时也进行个体的意义投射。博物馆媒介空间通过规制其间的展陈和参展活动，参与到特定的共同体对自己的历史与身份的讲述之中。② 在这个过程中，议程设置理论发挥着重要作用，即展览是否符合当下的社会语境、地域文化、公众接受程度、民族价值观念等等。新媒体技术被引入博物馆后，促成博物馆与参观者之间建立起协商、对话关系，从而拓展出更为丰富多样的参观者叙事话语，在赋予受众能动性和选择性的同时使得针对受众的意义

① ［美］伦斯·格罗斯伯格等：《媒介建构：流行文化中的大众媒介》，祁林译，南京大学出版社 2014 年版，第 21 页。

② 参见陈霖：《城市认同叙事的展演空间——以苏州博物馆新馆为例》，《新闻与传播研究》2016 年第 8 期。

阐述更多元化和多样化。

(四)博物馆具有情感共鸣的艺术语境

艺术是情感与形式的统一,艺术活动的终点在于内在价值的获得,艺术传播寻求各种表现形式以增强表现力,其目的是唤起受众的情感共鸣,这是艺术传播与大众传播的区别。在艺术传播活动中,依据拟态环境理论,一是创设艺术品语境和氛围。艺术品语境会随着艺术品所处环境的变化而衍生出新的语境。二是艺术品被放在展厅里的时候,会因为空间以及陈列方式的变化而衍生出新的语境。① 有些作品对观者的影响会随着观赏的深入而愈加强烈,特别是其中富含的深意和道德张力,正是内涵和形式的完美统一赋予了作品这些情感力量。

(五)博物馆建构公共活动的集体空间

列斐伏尔认为,空间是社会关系的产物。将空间与社会组织、社会经验等联系起来,可进一步阐明空间的复杂性。媒介空间是从传播学视域下强调以媒介为表达途径的社会空间关系组合。艺术博物馆是利用艺术品达到美育和社教的功能、进行各种公共教育活动的一种媒介空间,而且实现艺术品与受众的交互、受众与受众之间的交互也是艺术博物馆传播的重要方面。文化传播的影响力源于大众性的参与互动——艺术作品的审美价值并不是客观的,而是与读者的价值体验有着密切的关系。接受美学理论认为,艺术交往活动的本质在于,人总是通过文本与存在于文本中的作者进行"对话",将人与文本的关系变成"我与你"的关系,变成一种心灵对话、灵魂问答的关系。接受美学正是企求在文学的交往系统环境中,把握历史上的某种世界的艺术经验,并通过这种经验形式,使人们的思想、情感和认识在新的语境中得以沟通。由此建构公共活动的集体空间是艺术博物馆不同于大众媒介的特征之一。在艺术博物馆中,除了受众与作品的对话,艺术讲座、艺术家与受众对话、各种公共教育活动,甚至诸如瑜伽、周末狂欢夜等娱乐活动都是建构集体空间的形式,吸引受众来艺术博物馆进行社交活动。

---

① 参见孙淼:《中国艺术博物馆空间形态研究》,文化艺术出版社 2013 年版,第 8 页。

二、博物馆的媒介构成

（一）空间

空间是艺术博物馆媒介的首要构成元素。有了建筑和空间，才有承载文化和内容的场所。媒介空间可以分为三个层次：一是有形的可感知的物质空间；二是主观的意象空间；三是物质与经验的交错空间。艺术博物馆具备这三个层次的空间，并且不同层面具有相应的议程设置：一是国家、地域文化和民族信仰的层面；二是博物馆建筑风格和建筑外部空间的层面；三是艺术博物馆内部空间及展线的议程设置。空间是可见实体要素限定下所形成的不可见的虚体与感觉到的人之间所产生的视觉的“场”，是源于生命的主观感觉。空间是一种传播环境，包含着情境创设、拟态环境、空间叙事等，多种元素共同营造出艺术博物馆外在的传播力。

（二）文化

博物馆是文化融合的重要标志，也是文化传播的平台，中西文明相互学习、相互借鉴密切了双方的联系。这个过程的实质是传播，借助了很多让人过目不忘的艺术品媒介，最终进入受众的情感层面。视觉文化分析切入艺术博物馆的传播领域，以展览、展品、展板等显性的传播内容作为研究对象，深入探索艺术博物馆的艺术场域营造及视觉传播策略。而在这些显性物背后的“文化”更具有隐性的特点，涉及观看展览与情感传达、受众对艺术展品的文化记忆与文化认同、艺术博物馆的集体记忆、运用艺术博物馆传播民族地域文化等等深层次内容。在所有媒体的展示中，作品与观众的互动揭示了人与物的情感传达。

（三）内容

艺术博物馆内容传播体系的重要组成部分是视觉传播的内容。无论是视觉空间，还是艺术展品，抑或是展板多媒体文字说明，视线所及之处均涵盖视觉传播。视觉传播的主体是参观者，客体是观看的“物”，而其中“观看之道”却因人而异、千差万别。在艺术博物馆逐渐从精英阶层走入大众视野，实现艺术民主化、大众化的时代，国内外的艺术博物馆均采用各种方式吸引受众。无论是媒体增加发布展览信息，还是设计更多的交互活动，甚至是延长开放时间，受众走入艺术博物馆后的首要问题还是艺术素养的提升以及视觉艺术享受。

第三章　博物馆空间议程与文化传播

文化取向的传播观将“传播看成共享意义和空间的建构过程”①。陈霖据此提出，博物馆建筑自身是一个公共性的空间，又参与塑造着一个更为广大的城市公共空间。因此，博物馆的文化实践既是社会交往和意义建构的重要组成部分，又是城市认同叙事的展演空间。“建筑构造赋予了博物馆意义。建筑从观念和物质上决定了参观的条件。它不仅构造了展览的框架，而且塑造了参观者的经历”，所以，陈霖把博物馆建筑作为博物馆的一级叙事者。② 这里所提到的“叙事”，在传播学视野中其实是“议程设置”——建筑师和博物馆传播者将欲传达给受众的国度文化、地域文化和艺术理念蕴藏在建筑中，该建筑是现代风格还是古典风格？所处的位置如何与城市周围环境协调？怎样用博物馆建筑彰显城市气质？能不能形成城市的新地标？……一系列的问题在设计之初就形成了城市文化的“空间议程”。博物馆作为一种独特的文化建筑，通过自身的比例、空间、色彩与质感的组织传递出独特的文化内涵与意识形态。

第一节　博物馆的空间议程设置和文化传播

关于空间，不同领域的学者有不同的理解。从展示的角度来看，空间

---

① ［美］劳伦斯·格罗斯伯格等：《媒介建构：流行文化中的大众媒介》，祁林译，南京大学出版社2014年版，第21页。

② 参见陈霖：《城市认同叙事的展演空间——以苏州博物馆新馆为例》，《新闻与传播研究》2016年第8期。

是可见实体要素限定下所形成的不可见的虚体与感觉到它的人之间所产生的视觉的“场”,是源于生命的主观感觉。博物馆的展示艺术与空间密不可分,是对空间加以重新组织利用的艺术。而这种感受是和时间紧密联系在一起的。人们对展品的观赏,是一种动态的观赏,时间就是动态的诠释方式。人在展示空间中,必然体验到时间的流逝和空间的变化,从而构成完整的感观体验。空间的时间性在展示设计中是客观存在的一个因素,充分运用时间这“第四维”是创造动态空间形式的根本,也是创造“流动之美”的必经之路。

一、博物馆空间议程设置概述

从第一章的媒介理论出发,博物馆可以被看作“媒介空间”,是指由各种传播媒介所构筑的,包括物质的、精神的,真实的和想象的空间。它不仅涉及媒介中的内容,还包括承载这些内容的媒介形式。在媒介空间中,无论人们是否处于同一时空,都能构建起可触、可视、可听的,真实与想象的环境与经验。具体可以从三个层次对空间加以把握:有形的可感知的物质空间、主观的意象空间、物质与经验交错的空间。①

从第四章的民族文化传承角度出发,博物馆可以作为“文化空间”,比如我国传统文化中包含有多方面的“文化空间”——可以用于任何一种遗产类型所处规定空间范围、结构、环境、变迁、保护等方面的,因而具有更为广泛的学术内涵。公共文化空间是城市空间的重要组成部分,它与公共领域的形成、演化与发展紧密相关,是对 17 世纪以来兴起的公共性理论与“公共”概念的一种具象化表现。现代城市发展为各类公共文化空间的成长提供了良好的环境,而公共文化空间也成为城市空间架构的文化维度和高级表现形式。

博物馆的空间既包括博物馆外部建筑及其内部空间,同时也作为城市媒介参与塑造城市的公共文化空间,被编织入城市传播的体系之中。由此从传播学议程设置理论分析,博物馆空间议程设置有三个层面:一是国家、地域文化和民族信仰的层面,二是博物馆建筑风格和建筑外部空间

---

① 参见方玲玲:《媒介空间论——媒介的空间想象力与城市景观》,中国传媒大学出版社 2011 年版,第 2 页。

的层面,三是博物馆内部空间及展线的议程设置。

第一层面议程设置:衡量一个国家或城市文明与否、文明程度如何,走进博物馆就可见一斑。很显然,博物馆和美术馆已然成为一个国家和城市的文化坐标和文化名片。巴黎三大博物馆卢浮宫—奥赛博物馆—蓬皮杜艺术中心的国家现代博物馆构成了西方艺术发展总脉络;而"美国的博物馆是国家的又一个象征,体现着一个大国的财富和国家对文化维护的信念,代表着美国民主的胜利,因为它坚持门户开放,积聚珍宝为的是所有人民的利益。它映射出美国人关于信仰和目标的想象"①。由此可以看出,博物馆第一层面的议程设置是国家形象和民族精神。从建筑学角度来说,博物馆空间是较为特殊的,因为它既有自身使用功能的要求,又承载了深厚的文化内涵与象征意义,它深深扎根于本土文化中,给人带来身份认同感和文化归属感。本尼迪克特·安德森认为,我们对于民族的认同,往往超越了地域与领土,是在各种形式的建构与强化中形成的"想象的共同体"。这种想象是有限的,有边界的,所以共同体的成员未必有着地理上的接触,却往往在认同上将自己的身份与国家、疆土等相联系。而且民族性的归属,是一种"文化人造物"(cultural artifacts),其意义在漫长的时间中产生变化。② 1789 年,法国大革命的爆发为公共博物馆的诞生创造了条件。从博物馆诞生之日起,以理性、秩序、民族国家、公众教育等要素为特色的启蒙精神和以艺术、文学、地方、民间习俗等要素为特色的浪漫主义一直伴随着博物馆的历史发展。从"构成主义"角度来说,博物馆与社会文化发展具有同构性,共同经历了一系列的意识形态与观念的变迁——大众教育的治理术、人类学的他者观、边缘文化(人群)的表征以及"诗学与政治学"的解构与反思。因此,作为博物馆"元叙事"的启蒙精神与浪漫主义双重性矛盾在博物馆空间内,以诗学与政治学的修辞手法不断地进行历史性的"展演",并在不同时期平衡着博物馆自身存

---

① [美]南希·艾因瑞恩胡弗:《美国博物馆》,金眉译,湖南美术出版社 2007 年版,第 20 页。

② [美]本尼迪克特·安德森:《想象的共同体:民族主义的起源与散布》,吴睿人译,上海人民出版社 2011 年版,第 4 页。

在的价值。①

第二层面议程设置：建筑凝结着地域传统文化和城市现代文化。博物馆并非是“中性”的，而是在一种“仪式”的框架下建立的空间。② 这种空间语境中的“仪式”就是传播学语境中的“议程”。例如，贝聿铭延续一贯的现代主义表现手法设计的苏州博物馆的建筑空间议程设置就是结合了周围的拙政园和太平天国忠王府传统文化环境，把博物馆置于院落之间，并参考地域文化、吸收传统建筑的精神，用现代建筑手法加以演绎，将古典园林追求意境的议程通过丰富而又曲折多变的外部空间游览体验巧妙设置出来，同时具有文化的隐喻议程。当这样的议程设置发挥的作用与收藏展品、策展意图相悖时，甚至可以通过迁新馆或者新馆与老馆有机融合的方式重新构建新的议程。比如，美国华盛顿国家美术馆两种不同风格的建筑通过地下连廊连接起来；卢浮宫外面加上现代风格的玻璃金字塔；中国国家博物馆将原来的博物馆改建成庄重宏伟又符合现代展览要求的建筑风格。近年来，国内数家省级博物馆重建或装修，其目标在于符合新的城市文化地标和更好地发挥议程设置功能。

建筑是空间协商的工具，也是空间协商的形式。建筑在占据场所的同时，也产生新的空间，其生成过程即是协商的过程。建筑的基本属性可以视为对自然、文化、技术的综合应对，今天的建筑存在状态更是可以看作是一种与自然、与多元文化、与城市的过去和未来之间的“空间协商”。作为协商的一个工具，建筑可以是某个观念的代表，也可以是批判的对象。作为协商的一个形式，建筑可以是集合多元理念的场所，也是妥协的结果。

第三层面议程设置：博物馆内部空间最核心的部分是观众、艺术品、环境三要素。孙淼在其著作中论述了空间三要素的结构关系：现代博物馆把观众放在了中心的位置，艺术品与观众之间一定存在着互动关系：艺术品带给观众某些信息，而观众的反馈有可能会改变艺术品的展示状态。

① 参见尹凯：《人文与理性：博物馆展览的诗学与政治学》，《现代人类学》2015年第3期。

② 参见[美]卡罗尔・邓肯：《文明化的仪式：公共美术馆之内》，王雅各译，(台北)远流出版公司1998年版，第27页。

环境是艺术品和观众的载体,它会影响艺术品的价值体现,也会直接影响观众的参观体验。[①] 从过去以艺术品为中心的议程设置到现代的以观众为中心的转变,传播者(博物馆策展人)在内部空间设置上、展线布置上都要改变理念。比如刘宏宇分析的一种类型的展览案例,具有如下的空间布局和媒介应用特点:首先,整个展览按照历史年代的时间顺序共被分为五个大部分,每个部分又被分为数量不同的下属单元,它们共同构成了叙事结构的整体框架;其次,通过叙事部分和单元的顺序排列,以及被各种隔墙和围栏所限制起来的闭合性行走空间,共同规定了一种具有唯一性的"正确"参观路线,观众在展厅中的参观和行走受到了严格的限制,基本上失去了选择其他参观路线的可能性。除了接受预先设计好的感知条件和规定好的叙事解读方式之外,别无选择。[②] 而现代艺术在展览策展时,议程设置往往开放而发散,观看展品时观众的选择性强,进而获得了更多的自由空间,与现当代艺术的创作理念相符。第三层面的空间议程设置在很大程度上决定着观众的参展体验、信息获取以及情感的满足。

二、视觉传播语境中博物馆的公共空间

博物馆是提供"观看"和"体验"的场所,价值在于启蒙精神、传达思想,通过人们的观看、感知,帮助他们对已获得的信息进行分类、等级划分以及格式化,由此形成自己的认知和思想。博物馆通过建筑空间保存记忆,在拥有各式各样物质文化的同时,通过典藏、诠释与展示等方法,保留见证人类文明历程的历史,成为一个国家、一座城市的地标和文化殿堂。[③] 设计优良的城市博物馆往往从周边环境出发,利用现代建筑造型,将自然景观、建筑单体、城市背景和博物馆建筑内部功能相结合,充分考虑室内外空间的交融与贯通,以其内质追求建筑对历史文化和城市的贡献。按照建筑学相关理论,公共空间是有别于私人空间的人们共同使用、共同活动的空间,表明了物质空间在容纳人与人之间公开的、实在的交往

---

① 参见孙淼:《中国博物馆空间形态研究》,文化艺术出版社 2013 年版,第 39 页。

② 参见刘宏宇:《呈现的真相和传达的策略:博物馆历史展览中的符号传播和媒介应用》,人民日报出版社 2016 年版,第 19 页。

③ 参见姚安:《博物馆 12 讲》,科学出版社 2011 年版,第 1 页。

以及促进人类精神共同体形成过程中体现出来的一种属性。博物馆公共空间已经从单一功能区域转变为多功能区域，成为博物馆的一部分。①公共空间的另一个重要作用是形成博物馆群体空间序列。观众从进入博物馆开始一直到参观结束，要经历门厅、过厅、楼梯、通道、展厅、休息区等各种不同类别的区域，其层次、变化、节奏由不同形态、不同尺度、不同功能的公共空间来实现。② 空间形态包括重要建筑的入口、前庭、走廊、街道及广场网格、公园、庭园以及线性空间开放系统等。静态的视觉传播方式包括场馆外部及庭园设计，亦包含展览规划布展设计、宣传图式和视觉导向标志等；动态的传播方式涵盖观者亲历博物馆大厅、连廊、展厅的空间感受，外部或内部烘托气氛的视频场景等有秩序的视觉形式，体现出设计师通过合理而巧妙的设计，增强观者审美体验的目的。美国洛杉矶盖蒂博物馆重点从设计构思、空间特点、形态特征、材料运用、体量分析和场景营造等方面吸引了建筑界精英驻足。

三、城市博物馆公共空间的设计案例

盖蒂博物馆坐落于美国加利福尼亚州洛杉矶市的布伦特伍德，是洛杉矶最重要的艺术机构之一，在保罗·盖蒂信托基金的支持下建成，是一个巨大的集艺术收藏、展览和公共教育以及专业研究于一体的体系。盖蒂博物馆总体规划及建筑群是由对现代主义建筑做出巨大贡献的著名建筑师理查德·梅尔(Richard Meier)所设计的。盖蒂认为，艺术是一种启示，而博物馆本身也是美国精神的体现，可以清晰展现文明发展脉络，表现出鲜明的城市文化，这些元素都在博物馆建筑文化艺术传播内容与空间形式的结合中得到充分体现。具体可以从以下几点来解读：

(一)设计构思：视觉传达与自然和谐相依

盖蒂博物馆在符合博物馆基本功能的基础上，在空间、交通、组织形式上充分展示母体文化，形成了自身鲜明的美国特色。空间排列总体富有规律，利用建筑物的墙、柱、门、窗等有秩序的重复出现，带来一种韵律美或节奏美；同时，建筑本身的轮廓和造型具有雕塑的特征，充分利用材

① 参见赵洋、王恒：《科技博物馆公共空间利用初探》，《科技馆》2009年第2期。

② 参见蒋玲主编：《博物馆建筑设计》，中国建筑工业出版社2009年版，第70页。

料自然粗糙的表面和人工切割形成的光滑表面所呈现的不同的特色,构成了建筑物极富雕塑感的视觉冲击;博物馆入口处的深色雕塑和白色雕塑在阳光照射下极富光泽,增加了建筑空间的亲和力,并起到指示和标识作用。盖蒂博物馆的结构美还表现在内部结构力学与美学的结合上,力学原理技术体现在结构之中,四个厅圆与方的跨度凸显功能与审美的结合。

盖蒂博物馆的一层是一个完整的大厅,通过主通道形成前后左右方向、大小各异的从属空间。弧形的楼梯与简洁的栏杆在圆形的大厅中成为空间的主体,使整个空间活跃起来。室内空间少量大梁无规则地自由延伸,相互穿插;玻璃采光使得室内外空间相互交融;窗框金属的小玻璃与大框体结构的虚实对比强烈。总之,这种融合空间的设计首先要从整体上保证其位置、格调与整体空间序列有机结合,之后进行空间模式的畅想与设计,这体现出当代博物馆公共空间设计不可或缺的理念:达到建筑自然和谐的要求。

(二)空间特点:建筑与视觉审美旨趣相投

盖蒂博物馆所处的山峦环境安静隐蔽,内外空间交融流通。设计师将四个美术馆设计成相对集中又相互独立的东西南北四个展厅,中间有喷泉和游客小憩的中心庭院,展厅内部明暗光线对比、导向合理,和谐统一的形式与内容,充分考虑了参观者的感受,展示空间、展品与人的情感体验融为一体。博物馆的审美特点一方面表现为建筑和空间构成视觉美,另一方面则是装饰——作为建筑物的有机组成部分,装饰对建筑有着不容忽视的作用,它可以为建筑物增辉添彩,烘托气氛。盖蒂博物馆高大、通透而明亮的空间使人感到舒畅,而中庭内低矮的咖啡茶座空间加上丰富的装饰又使人感到亲切宜人。设计师灵活应用新材料与传统材料,使其和周围环境融为一体,带形窗使室内与窗外浓密的树林相互交融。门窗全部为白色,设计简洁,水平垂直线条简单交叉,粗犷的墙体带给人一种简明的感觉,近似一种室外园林的感觉。博物馆外部庭园景观对公共空间也具有重要的作用,它是随季节的交替而不断变化的,是有生命

的，处在不断地生长、运动、变化之中的。[①] 盖蒂博物馆设计师强调空间胜于实体的设计理念，针对视觉空间领域采用了整体设计的方法，依据季节设计的花园、观景台与远处的洛杉矶市景和海面构成虚体空间；其中的中央花园是由艺术家罗伯特·艾尔文所创作，其设计理念是以艺术花园的形式所构成的雕塑，随季节变化而不断进行雕琢。

（三）形态特征：视觉秩序与形态紧密相连

当今建筑与博物馆呈现多元化的发展趋势，在遵循“形式随从功能”的前提下，力求探索“有意味的形式”渐渐成为众多新建和扩建的博物馆建筑的共同追求。[②] 盖蒂博物馆位于自然环境优美的圣塔莫尼卡山上，铺展于两条山脊之上，它是将城市环境与自然环境的特质完美结合的优秀典范；场地周围密集整齐的林地，借助山势将建筑体衬托得高耸挺拔。博物馆如同流水别墅，可以让进入馆内的观众一眼望到那些水平伸展的草坪、便道、车道、阳台及棚架，让观访者的视觉秩序紧紧集结在一起，从而为观众创造出了一个不可磨灭的新体验。

盖蒂博物馆的特色之处还体现在观者能够因其空间设计而形成连贯多样的视觉线路，比如无论在室外步道上，还是在场馆外的探出平台上，抑或透过展馆的窗户，都能和外部空间的全部视野相融合。同时，盖蒂博物馆把各种商业服务空间和娱乐服务空间纳入博物馆功能空间的设计与权衡之中，设计师通过一个精心设计的中庭，营造出一种公共的休闲和交流的空间环境。

（四）体量分析：建筑造型构图形成视觉均衡

盖蒂博物馆整体建筑与四周山体、峡谷相连，场馆组合形成的造型呈现出稳重的气质。博物馆墙体强调混凝土可塑的荷重感，在视觉上产生的这种荷重感被光线及外罩粗麻外石材削弱，展现了建筑体型在景观中的隐喻角色。中庭中溪水、围合、山石、建筑、结构与自然结合在一起，设计师运用几何构图进行空间处理，内外空间互相交融，浑然一体，空间处理与体量的结合取得巨大成功。博物馆外部景观、水溪可以说是一种正

① 参见朱建宁、丁珂：《法国现代景观的设计理念》，《中国园林》2004 年第 3 期。

② 参见项隆元：《博物馆建筑风格的多元化与博物馆建筑设计观念的更新》，《中国博物馆》2015 年第 4 期。

反相对的力量,巧妙地均衡组构而成建筑,充分利用了现代建筑材料与技术性能,以特殊的方式实现了当代博物馆建筑与自然的高度结合,提升了空间设计的水平。另外,大挑台也是显示博物馆体量的建筑元素,挑台视野极好,通体由表面粗糙的石灰华石构成,12 根近 30 米高的粗大石柱构筑起挑台大气舒适的空间。

(五)材料运用:视觉形式与传播内容相互融合

阿恩海姆提出:“视觉是高度选择的,视知觉从一开始把握的材料就是事物的粗略结构特征。”①梅尔巧妙利用材料对空间的作用,实现室内外石料筑体水平性与支柱的垂直性的“对抗”,赋予了盖蒂博物馆建筑最大的动感和张力。

博物馆概念的外延带来其内容构成上的许多变化,并影响到博物馆建筑的设计。现代视觉艺术形式的表达方法更加多样,比如通过光、电等新型材料表达动态的、虚幻的空间,成为重要的材料运用手段之一。盖蒂博物馆整体照明设计充分考虑了室外明光与室内作品照明的特点,以灯光做辐射光源,不仅满足了功能照明需要,而且通过室内外灯光色彩温和的缓慢变化反映出建筑的宁静和过去历史的积淀。馆内为显现出独特的建筑结构,或为特定时期的绘画作品营造效果,还专门设计了定制化的照明方案。比如以照明装饰弥补天花板的单一,改善馆内因人流量大而形成的空间嘈杂的状况,使得这座建筑成为洛杉矶白天、夜景的城市名片。

(六)空间场景:与公众认知情感需求高度契合

盖蒂博物馆除了完善而严密的展厅陈列室外,还设有家庭室、演讲厅、艺术资讯室等,以培养观访者对历史文化和艺术的兴趣,帮助人们了解相关知识,这就需要空间场景的烘托。场景是公共空间情景中特有的构成单元,包含展品、光线、声音、界面的划分等多种元素和它们之间的相互关系。这种关系主要是内容和情景上的关联,以营造一种让观众参与体验的氛围。博物馆情景设计是以场景为基础。设计师通过场景再造为展品创造一个适合的、有意境的“场”,通过这种“场所精神”烘托展品,创

---

① [美]阿恩海姆:《艺术与视知觉》,滕守尧、朱疆源译,四川人民出版社 1998 年版,第 32 页。

造感人的参观环境。[①] 比如，建筑留白部分引起观者的关注和心理的联想，在其主观思维中产生新的意象。在公共空间设计上，博物馆重视运用高科技媒介和灯光营造氛围，让访客体验内部环境、发挥创意设计出自己独特的作品等，这些都是现代博物馆必备的传播手段。

博物馆建筑在一定程度上形塑了参观者的体验。通过设计好的空间路径，参观者会在博物馆体验过程中不知不觉地将国家的价值观与信仰内化。[②] 无论是在建筑的外在形态还是在内部的收藏与展览上，博物馆与庙宇、教堂、神龛、宫殿具有相同的建筑风格与艺术类型，博物馆分享了传统仪式纪念物的基本特征，强调的是一种与过去文明的继承关系。博物馆和仪式纪念建筑一样，有一种类似肖像学的方案被广泛应用，那就是建构一种整体性的意识形态，而不是单个展品的物理组合。这种博物馆文本修辞策略在大部分博物馆中得到了集中体现，像卢浮宫、伦敦国家美术馆、华盛顿国家美术馆、纽约大都会艺术博物馆等。总之，当代博物馆已经涉及人类社会生活和知识的各个层面，博物馆类型实现高度多样化，同时也走向平凡、自然，公众能够经常接触到博物馆。博物馆在精神文化方面对观者的启迪主要体现在对空间的意境文化气氛和场所精神的营造上，优秀的设计增强了室内空间的感染力和空间品质。观者通过博物馆的展示内容这种超越国界和民族的形式与展品对话，从而领略、理解、诠释和尊重新的文化，进而代代传承人类历史和精神文明。

第二节 博物馆传播内容的议程设置

展示，作为现代艺术史学的重要命题，不只关乎艺术品的陈设与展览的历史，它还让我们重新梳理展示在艺术史进程中的结构性作用，重新思考艺术在不同历史时期、不同文化语境中的社会能量。2016 年北京召开

---

① 参见王琳：《博物馆展示设计中的情感传达研究》，清华大学硕士学位论文，2004 年。

② Carol Duncan，Alan Wallach，“The Universal Survey Museum，”in B. Messias Carbonell，*Museum Studies*：*An Anthology of Contexts*. Blackwell Publishing Ltd，2004，p. 51.

的世界艺术史大会第十七会场聚焦艺术史中的“展示”问题：博物馆不再仅仅是艺术品的库房加展厅，正在变成艺术自我颠覆和自我生成之所，它似乎已然变身成为一个剧院、电影院、教室、车间、议会和广场的综合体。同样，展示也不再只是为了陈设博物馆的丰富收藏，展示本身就意味着情境的展开、公共性的构建、社群的生产。一件艺术作品如何与它所处的物理空间和意义空间互相作用，也是博物馆展陈中的重要课题。国际上很多著名的博物馆如卢浮宫、大都会博物馆、荷兰国家博物馆等都显示着这种转变，它们既有经典的艺术史展览，亦加入现代艺术巡展，并增强了公共性和文化民主性特征，在传播艺术的同时兼具公共社交空间功能。

一、博物馆内容的议程设置

从某种程度上说，和议程设置的第一层主题相对照，议程设置理论的第二层是关于属性(attributes)的传递，而第三层是感情(felling, affection)的传递。博物馆传播中的议程设置应用，对空间、文化和内容三个部分都起到重要作用，第三层面的感情传递尤其适宜于艺术传播领域。作为博物馆的传播内容，持续不断的展览和公共教育活动都是“知识生产、意义阐述、社交互动”的重点，“内容为王”同样适用于博物馆这种媒介。举办什么样的展览、设计什么样的公教活动、采用什么样的传播策略、如何设置展览前的艺术评论等等，这些议程都需要策展人和博物馆相关部门人员进行“重要性”的排序，且不同时段活动的重点、议程设置都应有所变化，呈现出一种动态的过程。

第二个重要议程层面在于“针对不同受众的意义阐述”——展览是否符合当下的社会语境、地域文化、公众接受程度、民族价值观念等等。对一些艺术大师来说，越到自己艺术的成熟期，对展览越加谨慎，会考量自己展览存在的合理性、影响力以及个人艺术名誉等问题，他们和策展人、博物馆馆方共同对展览内容的议程设置起作用，最后的展览呈现的是一种协商与妥协的结果。未来的博物馆需要用展览的形式为不同文化之间的持续对话提供合作平台。

(一)特展、大型巡展的策划

国外博物馆大多迎合社会变迁及发展的需要，以“自下而上”的方式来调整自己。欧美博物馆的特展策划非常关注如何为不同背景的观众带

来不同的刺激和感受。在策展一开始，就注意“收听”来自本社区的多元化的声音，从而让参观者有最佳体验。之后在选取艺术展品、布展陈列、公众推广、互动等项目上也会注意不断去满足和实现这些观众的需求。特展、大型巡展特别体现出博物馆是文化艺术信息的交换体系：运用各种传播策略，提供一个展示当下与过去之间不间断的文化传承的场所，同时也是全球化时代不同民族地域文化艺术品的展览场所。

2014～2015年，山东博物馆对为期三个月的跨年大型特展“圆明园特展”进行了精心的展陈设计，多媒体互动使得特展既亲民又富含科技性，很好地复原展现了圆明园曾经的繁华与精致。配合这次特展，还举行了多次有关“三山五园的历史文脉”讲座。展览采用实物展品与数字虚拟展示相结合的方式，集中展示圆明园最辉煌时期乾隆朝的珍贵收藏，备受瞩目的圆明园青铜生肖牛首、猴首、虎首、猪首四件文物更是首次联袂来到山东公开展出，共展出与圆明园相关的文物精品100余件。展览的数字展厅，利用现代数字虚拟技术还原展示圆明园的宏大规模和园林之美，观众仿佛身临其境，增强了展览的互动性和参与性。

2016年7～10月，中西文明对比展《永恒之城——古罗马的辉煌》和《山东地区两汉文明展》同时在山东博物馆开展。两个展览通过展示汉朝与古罗马时期的文化瑰宝，展现出各自不同的文化特质和彼此的交流融合，体现了这两大文明对人类的贡献和对东西方文明的影响：一个来自遥远的亚平宁半岛，举世闻名的丝绸之路的终点，展现了古罗马的鼎盛文明；一个蕴涵了丰富多彩的齐鲁文化，是丝绸之路的重要源头之一，是另一种意义上的丝绸之路的起点。两个地域文化大展均体现出“内容为王”的传播特点。

（二）艺术家的仪式化创作和定制作品作为特展的重要传播内容

1.仪式化创作：艺术家为博物馆传播而专门创作作品。前面提到，艺术家的作品一旦进入博物馆，往往对艺术家具有“历史性”重要意义，也是对其艺术成就的肯定。所以，中外艺术家都非常重视自己创作的作品在博物馆的展出，会非常积极地对待这样的艺术传播方式，在传播内容上会精益求精。

2.根据博物馆特定空间决定定制化作品：有些艺术家会根据不同国

家和地域博物馆的空间创作一两幅“大画”。“大画”往往是精品化创作、定制化创作,比如在巴黎展出要考虑巴黎的艺术生态,在中国展出则会注意中国元素。对艺术家而言,每一次展览都是在与大众“对话”;针对不同地区的受众环境,艺术家往往在自己的特展和巡展中专门创作或者选择他特别满意的代表作品。

3. 探索新的题材、技法,提升自己的传播力:艺术家每一次“对话”大众的内容,都是他本身“艺术作为”的一部分,所以在为博物馆的“仪式化创作”和“定制化创作”中,他们为了提升自己及作品的名望和传播力,会进行艺术创新。

二、博物馆辅助阐释内容的议程设置

欧美博物馆特别重视展览内容阐释,因为艺术展览中艺术语言不够强烈,可能会导致传达的思想不到位;通过辅助内容的介绍,受众会更好地领会艺术品蕴涵的艺术知识和信息。尤其是巡展和特展,受众没有特别多的机会反复欣赏,艺术展览的评论又未必做到及时更新,展板介绍、标签、图册、衍生品等就会发挥重要的作用。比如:山东博物馆 2016 年古罗马展的开篇介绍和结语,入门后代入感极强的标题墙设计,与中国相应历史时期的时间、事件对比图等,均具有知识传播的重要价值,让受众在展览前先领略到此次展览的历史厚重感以及古罗马文化传承、东西方文明发展的脉络。

展厅名称会对同一艺术家的作品推介起到重要的议程设置引导作用,显示出不同国家博物馆的风格,这也是艺术家会根据不同国家进行一些定制化创作的原因。比如,同一个艺术家的作品,就可能根据面貌风格的差异而被摆放在不同展厅内展出。梵高的作品,尤其是自画像,在荷兰国立博物馆、梵高博物馆、巴黎奥赛博物馆、费城博物馆、芝加哥博物馆、洛杉矶盖蒂博物馆等都有展出,但是有的是在专门的展厅,将同类别的作品放在一起;有的是和其他同时期的艺术家作品放在一起展出,标签、讲解、衍生品也会有所差别。现代艺术作品、当代的装置艺术作品展览更是存在展览设计上的差别。

博物馆的空间设计中,都注重了辅助传播内容的亲民性,展厅随时可以有作为演讲、巡展甚至如符合博物馆功能要求的瑜伽、太极运动、小型

音乐会的灵活空间。我国当前许多博物馆都是新建或者重新改造，空间的功能划分细致，有专门的演讲厅、儿童探索室、小型会议室，将这些空间营造出与展厅一脉相承的风格，构建出理想的艺术教育空间。在博物馆的每个展厅里，除了新媒介外，传统媒介也应用广泛。每个展厅入门后的墙壁上都有设计精美的画册，根据标号可以参看艺术作品的介绍和艺术家创作的背景；有供人休息的沙发座椅，色调往往是内敛的咖啡色。在杜克大学纳什博物馆（Nasher Art Museum）里，几何形的大厅靠近落地玻璃窗的地方，有颜色明亮的沙发圆桌，有由博物馆策划出版的书籍，有参观者的留言板写满对自己的艺术启示。从展厅出来，在阳光里静静坐下研读书籍，回味艺术展览，给人很强的艺术沉浸感。在展厅墙面上，同样有数码设备，配有高质量投影和耳机，供探索细节的参观者去仔细研究展品。这里的公共空间所散发的文化艺术气息，吸引着人们不断地走近它，彰显博物馆的休闲功能。另外，作为文化创意产业的重要组成部分，博物馆商店的设计尤为重要。国内博物馆界也提出“把博物馆带回家”的口号，逐渐重视博物馆衍生产品的创意设计，将馆藏文物的历史文化和艺术价值与现代产品设计理念有机结合，开发出具有本馆优势特色的文化创意产品，这同样是博物馆阐释内容议程的重要组成部分。

第四章　传统文化、国际文化与博物馆传播

"民族"是一种现代的"文化的人造物",不是政客操纵人民的幻影,而是一种与历史文化变迁相关,根植于人类深层意识中的心理的建构。

第三章以文化传播视角切入,将建筑、公共空间、展览、展品、展板等显性和辅助阐释的传播内容作为研究对象,深入探索了博物馆的文化场域营造及视觉传播策略。而在这些显性物背后的"文化"更具有隐性的特点,涉及受众观看展览与情感传达、受众对展品的文化记忆与文化认同、博物馆引发的受众集体记忆、运用博物馆传播民族地域文化等等深层次内容。展品—展览作为一个物理空间,也是一个文化空间,一个思想交流与知识生产的空间。2016 年国际博物馆协会大会的主题旨在唤起人们意识到如下事实:"博物馆是人类促进文化交流、文化丰富性,推进多元理解发展、合作与和平的重要手段。"博物馆是传播地域文化的重要载体,是一个国家、一个民族、一座城市传播和展示文明的重要符号,是跨文化传播的重要手段。博物馆可以作为重要的文化外交媒介,为在国际跨文化传播领域构建中国形象、讲述中国故事提供新的范式。

博物馆是重建世界的一种方法,是记忆的一种形式。人类学家艾戈・科皮托夫(Igor Kopytoff)曾说:"人类的思维中有一种与生俱来的倾向,总想将秩序强加到自己所处的纷杂环境之上,为此人们将环境的内容分门别类。"①博物馆叙事正是以某种方式选取可展出的物品,以重建世

---

① 转引自余周麟:《名家美术馆与博物馆叙事研究》,中央美术学院硕士学位论文,2013 年。

界。这样重建的世界不是原始的世界和记忆，也不是对它们的复制，而是经由对物件的“选取”和对物件不同陈列秩序的“表述”之后对于世界和过去的一种理解。① 无论是博物馆的“权力”，还是“秩序”，从传播学语境下分析，就涉及文化议程的设置，拟态环境的创设以及视觉符号的选择等。集体记忆、文化认同与媒介的关系密不可分。

各国的博物馆正在努力强调和建构一种自身独特的文化属性和传统，并在此基础上确立自己的民族文化身份认同，以便与别国的文化属性相区别。这种对抗全球化趋势的努力很明显地体现出博物馆作为处于民族化、国际化和全球化思潮之间的文化应力场的功能和地位。② 时空维度是文化研究最基本的尺度和坐标，保持和延续文化都要在一定的时间及空间中才能实现。文化的浸润性力量很强，其作用一般是长期性和间接性的。博物馆依托世界巡展进行对外传播，通过情感化的叙事方式策展布展，通过展品的隐喻意义表达国家价值，强化说理的隐在力量，通过视觉文化与生俱来的传播优势来影响人们的认知系统。因此，博物馆在对外文化传播中发挥更大作用。

第一节　儒学与诚信文化传播路径及策略研究

中国地域辽阔，各地文化经过几千年的发展，逐渐带有鲜明的地方特色，并且具有中华文化的共性。除了主体民族汉族外，藏族、蒙古族等少数民族也拥有具有自己特色的地方文化。中华文化主要可分为以下几个地区：山东、河南、山西、陕西、河北一带的黄河流域；四川、云南、贵州一带的长江上游；湖南、湖北、江西一带的长江中游；安徽、浙江、江苏一带的长江下游；东北地区；内蒙古地区；新疆地区；西藏、青海以及四川西部等地的藏区；广东、广西一带的珠江流域；福建的闽江流域等。作为传递信息，塑造、规范、延续文明的载体，博物馆对地域文化传承、集体记忆的塑造和传播起到了关键作用，进而促进了核心价值体系的建设。任何一种民族

---

① 参见赵静蓉：《文化记忆与身份认同》，三联书店 2015 年版，第 227 页。

② 参见刘宏宇：《呈现的真相和传达的策略：博物馆历史展览中的符号传播和媒介应用》，人民日报出版社 2016 年版，第 194 页。

文化的形成，是基于一代一代思想家及原住地居民的生活和兴趣的需要，逐步凝聚沉淀而成。文化内涵和形象的综合体集中体现着国家的精神和文化价值，继承各自独特的历史脉络，是区域文化的核心展现。博物馆深度挖掘和传承传统文化中的精髓思想，通过立体化的新媒体传播体系，将受众分众化以实现更佳的传播效果，使得传播过程始终贯穿着传统文化的印迹与思想脉络。

作为文化大省、孔子故里，山东的公共文化场馆更是责无旁贷地进行着深入的实践探索。本书以山东省博物馆、山东美术馆的传播实践为例，通过对多个案例传播环境、传播内容、传播形式、传播策略及传播效果的分析，归纳出艺术博物馆对儒学及当代诚信体系的传播路径及策略。

一、中国传统文化的内涵及传播特点

中国优秀传统文化是各族人民共同创造的，既包括传统建筑、饮食厨艺、民间工艺、民族服饰、中医中药等物质文化，也包括古代典籍、琴棋书画、中华武术等精神文化，还包括传统节日、民俗、祭祀等社会生活文化。中国优秀传统文化源远流长，是中华民族精神气质的集中体现，也是中华民族走向世界的力量源泉。“高语境文化”这个概念是由美国人类学家爱德华·霍尔提出来的，是指与东方同质社会相维系的一种特有的传播方式。其一般特征反映了传播方式上如何使用信息符号编码的差异，但更深层次则反映了东西方思维方式、行为特征，特别是文化价值维度的不同。高语境和低语境导致文化认知差别，中国传统文化属于典型的高语境文化。在高语境文化中，较多的信息或由社会文化环境来传递，或内化于交际者的思维记忆深处。在中国传统文化传播中，人们交际时重意会、领会、尚象，即从形而上的经验性事物到形而上的本体，用“象”来启发人们的想象和体验；而西方人交际时重言传，即尚言。对于不同文化环境的人们而言，抽象的中国传统文化形式只是一个符号，难以找到与之相应的意义和联想，存在语境信息缺失现象。以中国的儒家文化为例，其影响不仅表现为显在的物质表征层面，还沉淀为文化基因，表现为其文化主体的认知方式和观念、信仰；其影响不仅表现为少数精英层面的理性认知方面，更表现在所有文化行为体的日常伦理和生活习惯方面，成为“默会知识”，也就是说，身处其中的人们无须刻意为之，文化会无意识、近乎本能

地表现出来，表现为他们的意识、理念和行为。在儒家文化圈中成长的人们在认知过程中，倾向于进行整体性认知；而在西欧和北美文化中成长的人们则倾向于“分析性”认知。

当代社会文化形态、艺术传播环境、媒介传播渠道都发生了巨大的变化。针对以儒家文化为代表的中国传统文化的特点，传播者试图利用各种媒介进行表现和跨文化传播。如电视纪录片《记住乡愁》采用故事化的电视叙事方式，选取200个村落，一村一主题，一村一故事，以叙事加抒情的表现手法，将儒家文化内涵浓缩在电视镜头之中，使讲仁爱、重民本、守诚信、崇正义、尚和合、求大同的儒家精神焕发出时代光芒。再如“讲诚信、树新风”等中国社会主义核心价值观以短小精悍的视频插播在电视节目中。另外，最初的城市文化承载媒介是实体空间，比如广场、建筑、街区，很多城市都会在市区人流量很大的地方设置传统文化宣传墙壁，以儒雅的墙壁颜色配之《论语》里的语句，引导市民温习儒学经典。即使在现代艺术极为发达的欧美国家，艺术博物馆中展览的中国古代藏品和书法水墨等展览同样吸引着世界各族人民；孔子学院的中文课堂、中国的传统歌舞、纽约时代广场巨型大屏幕播放的中国城市形象片等艺术样式同样传播着古老文明而又走向现代化、全球化的中国声音和中国故事。公共文化设施如博物馆、美术馆，在数字化网络时代又增添了传播媒介的创新功能，将儒学、诚信体系、社会主义核心价值观等较为抽象的内容通过视觉艺术、体验活动、学校宣讲等形式，让受众在潜移默化中接受并内化为个人行为，使高语境文化以各种实物展览外化于形，以体验活动内化于心。同时，艺术博物馆尤其如故宫、岱庙、孔庙这样的圣地更是为受众提供了浸染于传统文化的传播环境，圣人先哲的言语犹在耳边，优秀传统文化润物细无声。

二、山东省博物馆、山东美术馆文化传播

（一）山东省博物馆

1.常态化国学体验活动——孔子学堂

孔子是中华文化的“至圣先师”，他所开创的儒家学说对于中华民族的民族性格的形成起到了极其深远的影响。孔子的一言一行对于我们现代人来说仍然具有强大的指导作用，对青少年的成长、中国传统文化的传

承更是意义深远。山东省博物馆孔子学堂是广大青少年参与国学普及教育活动的重要场所，教育对象以青少年为主，喜欢国学的成年人也可前来交流学习。孔子学堂在节假日开设了免费国学课，寒、暑假开办国学班。国学课内容包括孔子生平、儒家经典精讲、儒家经典诵读、山东历史文化，教学方式灵活多样，寓教于乐，让孩子们在轻松愉悦的氛围中学习传统文化知识，在潜移默化中学会做人、做事的道理；同时也借助这扇对外开放的“窗口”，让观众了解山东省博物馆的馆藏文物，借此弘扬山东历史文化，培养观众高雅的文化情趣，陶冶观众热爱祖国光辉灿烂的历史文化的情操。山东省博物馆每周都有孔子学堂的国学体验活动，内容涵盖面广：比如带领大家回望孔子的生平往事；重温孔子教学的氛围；身穿汉服，手持竹简大声诵读《论语》；了解中国古代文化中的文房四宝，走进古代文人墨客的世界；借传统节日举办“海上生明月——孔子学堂中秋诗会”。目前，已成功举办多年的孔子学堂励志营是山东省博物馆常态化国学体验活动，首期国学班学员游学曲阜，还为青少年量身打造了“孝义天下——邹鲁儒学行”，沿着孟子的脚步，从孟府到孟庙，让孩子学会感恩，从小树立担当意识。

2.举办“复兴之路”山东展，弘扬爱党爱国精神

2016年6月27日，由中国国家博物馆、山东省委宣传部等共同主办的“复兴之路”山东展暨“光辉的历程伟大的成就”山东省庆祝中国共产党成立95周年主题展在山东省博物馆开展。本次展览通过大量珍贵文物和历史照片的全面展示，回顾中国共产党领导全国人民进行革命、建设、改革的伟大历史，全面展示山东人民在党的领导下艰苦奋斗、开拓创新的辉煌成就和宝贵经验。通过组织全省党员干部到省博参观展览，深入开展“学党史、感党恩、跟党走”等群众性主题教育活动，唱响时代主旋律，大力弘扬党的优良传统和作风。

3.共建中小学生德育实践基地，发挥博物馆教育功能

山东省博物馆与省内中小学校在参观学习、博物馆进校园、博物馆课程研发、学生社会实践、教师培训、博物馆活动推广、家长动员等方面进行全面合作，共建中小学生德育实践基地，发挥博物馆教育功能。如胜利大街小学的一年级学生举行了主题为“红领巾中国梦，博物馆中华情”的少

先队入队仪式，并接待中小学生参观各种展览。

通过展览进校园、进社区活动，让学生、市民获得了丰富的传统文化知识，培养了他们对传统文化的热爱，吸引了更多人到博物馆看实物展览。

4. 传统文化结合创意产业，创新推广传播方式

文博会上，山东省博物馆以独具特色的文化创意产品和博物馆展览元素吸引了众多人的眼球，并组织了以香、茶、琴为主题的观众互动活动，展示与展览、教育活动相呼应的文物复仿制品、文具、邮品、生活用品、服饰等数十种文化创意产品，让观众在现场感受到博物馆的灵动与创新。此外，结合教育活动品牌“孔子学堂”，山东省博物馆还特别推出了“挑战吧，儒生”观众互动活动。现场观众重温儒家经典，并获赠山东省博物馆的文化创意特别礼物。而在2014年“文博会”上，山东省博物馆特设鲁绣研究中心的展区。鲁绣是我国北方民间刺绣的代表之一，2009年被列入山东省非物质文化遗产名录。观众近距离地体验了这一针一线的艺术，认识到鲁绣是一门粗犷与细腻、传统与现代、承袭与创造有机结合的独特刺绣艺术，印证了齐鲁文化独特的艺术魅力。

（二）山东美术馆

1. 青少年审美教育

山东美术馆为更好地推动青少年审美教育工作，主动策划参与青少年社会实践教育，积极落实“教育推广走出去，艺术惠民请进来”的公共教育模式，每周一次邀请历下区的中小学生参加包括展览欣赏、艺术沙龙、美育课堂、美术大讲堂等在内的一系列实践活动，将艺术送到了孩子们身边。“第二课堂”是山东美术馆公共教育的品牌项目，旨在为艺术的普及、教育和推广搭建有效的平台，将学生的美术课堂延伸到美术馆，让学生能够近距离地欣赏艺术作品，加深学生的艺术学习体验，提高学生的审美兴趣与审美素养。在美术馆，学生面对艺术家的原作，无论是从欣赏还是创作的角度，得到的收获都比学校的课堂教学更加直观。

2. 中国传统节日和文化

2015年端午节期间，山东美术馆举办“游龙画舟，粽香端午”活动，教大家制作木质拼图龙舟、画龙舟、包粽子。美术馆还注重研究和吸纳地域

美术元素,使得教育品牌具备鲜明的地方美术特色。如“我们手艺——创意体验坊”系列活动,面向少年儿童,或以山东潍坊木板年画教育为主要内容,或以在面具、伞具、扇面等传统器物上绘制画面为内容,寓教于乐,向广大青少年普及了传统书画的创作理念及基本方法,达到了继承和弘扬齐鲁地域优秀美术传统的目的,受到了社会各界的热烈欢迎。

3. 展现中国精神的展览

“中国姿态·中国雕塑大展”(简称“中国姿态大展”)由中国雕塑学会于2008年创立。它是目前国内唯一一个以“中国雕塑大展”命名的雕塑类展览。它的专业性、学术性和前瞻性,昭示了中国雕塑界以一种全新的姿态融入到中国当代文化复兴浪潮中的决心与专业使命。展览作品内容丰富、材料广泛、姿态多样。可以说,今天的中国雕塑已经成为融合社会、经济、科技、宗教、哲学、历史等内容的多重文化载体,它正在进行着自我价值的重新构建与审美创新,在多元文化的碰撞整合中呈现出丰富的艺术形态和精神指向,凝铸着当代中国雕塑艺术的高昂雄姿。

4. 中华文化先贤新影像展

在中华民族的历史上,无数先贤用智慧的思想助力了民族发展,他们的成就代表了多个领域的进步和发展,他们的修为诠释了上善若水、厚德载物的伟大精神。他们是国家的脊梁,民族的灵魂。“镌刻世纪——中华文化先贤新影像展”深度梳理了40位文化先贤的伟大成就及其对华夏文明的巨大影响。通过雕塑、摄影、绘画、影像与多媒体等多种艺术表现形式,使参观者对文化先贤有了全方位认知。

(三)祭孔大典

祭礼是儒家文化的重要仪式,承载着慎终追远的敬祖情怀。2016年是“至圣先师”孔子诞辰2567周年,北京孔庙和国子监博物馆在孔庙隆重举行“释奠礼”祭祀孔子。这座具有700多年历史,历经元、明、清三朝的皇家孔庙红毯铺道,黄菊漫地,黄绸围栏,一派庄严神圣的景象。随着典礼唱“鼓初严,鼓再严,鼓三严”,乐舞生、执事者、献祭官顺序就位。伴着乐奏“咸和之曲”“宁和之曲”“安和之曲”“景和之曲”和典仪的一唱一和,祭孔仪式的“三献礼”“四拜礼”“八佾(“佾”音同“亿”)舞”随典而动,嘉宾肃然而立,现场庄严肃穆。祭孔,是华夏民族为了尊崇与怀念至圣先师孔

子，在孔（文）庙举行的隆重祀典，2000多年来从未间断，成为世界祭祀史和人类文化史上的一个奇迹。

山东充分发挥“孔孟之乡”的资源优势，以弘扬儒家思想为主旨，大力推动与台湾地区的文化交流。山东省博物馆精心打造了“孔孟缘·鲁台情”交流品牌，组织举办了“两岸孔子文化交流节”“海峡两岸同祭孔”“永远的孔子文化展”、向台湾崑山科技大学赠送孔子像等多项活动。精心组织了“大哉孔子—圣像·圣迹图展”，展品包括山东省博物馆、孔府文物档案馆馆藏的汉代壁画、画像石上的孔子像和宋代以来孔子画像、孔子圣迹图（其中一级文物44件）在内的仿制品共53幅，并把这些展品长期留在岛内进行展览，希望能进一步增进台湾同胞对儒家思想的了解，弘扬中华优秀传统文化。

2018年3月，山东省博物馆经过四年的精心筹备，正式推出常展厅“万世师表”展览，共分为圣乡寻根、天纵之圣、金声玉振、儒行天下四个部分，通过全面、详尽、科学的资料，还原孔子和儒家思想的真实面貌；展览大量运用多媒体技术、动画展示技术，观众可以在光与影所营造的氛围中体悟圣贤的智慧。“万世师表”展以观众的体验为核心，对《圣迹图》原作进行了全新的诠释，挖掘其中所蕴含的艺术神韵，加深观众与传统儒家思想的精神共鸣。

三、博物馆进行儒学及诚信文化传播过程的分析

（一）传播环境的创设

“文化空间”是一个特定的概念，我国传统文化中包含有多方面的“文化空间”，例如传统民居的选址、构成、布局等，涉及对宇宙、自然、社会诸多方面的认知；社区广场、村寨水口、廊桥等空间场所举行的各种民俗、祭祀、礼仪、庙会活动，均构成典型的文化空间。因此，文化空间应该是文化土壤系统的核心部分。具体来说，一是特指按照民间约定俗成的传统习惯，在固定的时间内举行各种民俗文化活动及仪式的特定场所，兼具时间性和空间性。二是泛指传统文化从产生到发展都离不开的具体自然环境与人文环境，这个环境就是文化空间。三是在一般文化遗产研究中，作为

一种表述遗产传承空间的特殊概念。① 如,中国由古代传承至今的庙宇、书院、祠堂以及当代的艺术博物馆、民俗博物馆等,都是极其有意义的文化空间。北京的故宫博物院和恭王府、泰山脚下的岱庙、曲阜的孔庙,其建筑空间、庭堂庙宇、石雕壁画、书法遗迹处处营造出中国传统文化的意境。媒介即环境,身处这样的传播环境中,受众自然而然地追思圣人先哲,并融入传统文脉,在与整体性环境的交流中,易触及价值理念、伦理道德、文学艺术等较深精神层次。如果再亲身体验祭孔大典、封禅大典这样的活动,更会让人领略到六艺之神妙、文化之魅力。

从前述案例中可以看出,当代文化雅集活动常常选取在当地有特色的博物馆、美术馆、民俗馆等空间内,因其环境本身就具有文化的“雅”和艺术的“神”,可以为雅集活动营造出最佳氛围。无论是成都的雅集案例,还是 CIID 城市案例,都具有极强的地域文化和艺术形式烙印。

(二)传播内容的深化

中华文明被众多学者称为“儒家文明”,今天的“中华文明”是中国多民族文明兼收并蓄、融合发展,继承了儒家文明,汲取了马克思主义,借鉴了西方现代文明,吐故纳新的产物。从上述艺术博物馆的案例可以看出,儒学及诚信文化的传播内容涵盖面广且愈加深化:既有中国古代文化和思想智慧的传播;又有弘扬当代社会主义核心价值观的党史展、绘画展。中华文化是世界上唯一一个没有发生过断层的文化。一个民族的振兴,首先是民族文化的振兴。当代文化雅集活动本身传承自古代文人雅集,所以在传播中国古代文化和思想智慧方面比其他形式更具有优势,也深化了文化雅集活动的内涵。文人雅集应建立在儒学文化的基础上。例如,通过梳理历史脉络,重新挖掘在历史上有影响力的文化盛事,恭王府推出了海棠雅集、昆曲古琴演出季、京剧展演等高规格文化活动,将诗词歌赋、琴棋书画的中国人文之美再次搬上时代的舞台。其中最负盛名且影响深远的,当属每年一届的海棠雅集和昆曲古琴演出季。很多游客说,一年逛几次恭王府,总能感受到不一样的气息。这种“气息”,与“精、雅、文”的艺术展览密不可分。这些展览从策划到布局尤其注重环境与氛围

① 参见单霁翔:《民俗博物馆建设与非物质遗产保护》,《民俗研究》2014 年第 2 期。

相协调、情景与内容相统一，让观众在欣赏亭台建筑、园林景观的同时，受到美术作品的熏陶。在移步换景中，静默的建筑变得灵动，眼睛里看到的和脚下走过的，都承载着艺术之美。

（三）传播形式的扩展

当前国内外博物馆的发展重心是增强参观的体验感，强调文化艺术品的创意布展和衍生产品的创意设计，将馆藏文物的历史文化和艺术价值与现代产品设计理念有机结合；积极承办与文化艺术场馆相关的社会活动，注重文化艺术场馆旅游与文化创意产业的融合发展；建设数字场馆和虚拟场馆，拓展文化空间和传播渠道；发展博物馆网络游戏产业，力争打造世界瞩目的视觉公共艺术文化品牌。另外，“博物馆走出去”的形式也是针对当下社会的发展所作的扩展，博物馆不再高高在上、冷冷清清，而是进入社区、走进学校、走出国门，利用巡展、宣讲等各种形式进行传播。同时，博物馆采用各种传播手段服务民众，比如运用宣传小册子、网站、微信等等，充分传播城市文化。互联网彻底改变了人们与物的关系、人们与物对话的方式。现在走进博物馆，用手机扫描一下二维码，它所承载的历史、文化信息一下子就呈现在了观众面前。艺术博物馆也常常借鉴中国文化雅集的形式，结合西方沙龙文化，混搭出吸引年轻人的艺术传播活动，注重受众深入的审美体验和感受。如城市艺术博物馆运用视觉与听觉通感的艺术形式进行展览，闭馆日组织瑜伽和太极课程，开放日的午间会有艺术午餐沙龙，周末则有针对公众的绘画讲座。这些活动有效地利用了雅集形式，很好地营造了艺术氛围。

门户网站、微信、微博、移动 APP 等新媒体平台的出现，能够促使博物馆充分发挥网络平台的及时性、开放性和交互性作用，及时发布展览信息、公布藏品信息并通过新媒体平台与观众进行网络互动，使观众能够与展馆实现实时的“零距离”接触，帮助艺术博物馆突破过去的文化传播方式：不仅通过展示藏品、组织活动来展示文化，更能够灵活运用传播速度更迅捷、覆盖范围更广阔的新媒体信息技术发挥文化传承的功能。

（四）“互联网＋”的传播策略

山东省博物馆近年来不断创新博物馆教育方式方法，以山东省博物馆官方微博、“品味山东博物馆”微信公众号为平台，拓展了博物馆教育推广和参与的渠道和应用范围,让更多的青少年可以通过手机和互联网走进山东省博物馆,参加博物馆各项教育活动,真正让博物馆成为青少年教育的“第二课堂”。

山东美术馆充分利用现代信息传媒技术推动公共教育“动起来”。将馆藏作品进行系统普查和数字化管理,通过各大媒体与民众分享艺术作品;美术馆官网升级改造,及时更新展览、教育活动、艺术作品、讲座视频等各类艺术信息;加强微信、手机客户端等新媒体平台的运用,最大限度地消除民众与艺术在时间、空间上的距离,推动全民共享文化成果。一系列“动起来”的举措,不仅让公共教育接地气、有活力,更体现了山东美术馆真挚的人文关怀。

在大数据、移动互联网等信息技术发展的背景下,公共文化服务应该向“智慧”和“互联网+”转型。民众可通过电脑、手机、移动终端和电视接入,享受一站式公共文化服务,包括知识服务、艺术欣赏、文化传播、虚拟场馆、交流互动等内容。

(五)传播效果的提升

“文化认同”是西方社会科学语境下的词汇,指人类对于文化倾向性的共识与认可,是个体对其所属文化及文化群体产生归属感从而获得、保持与创新自身文化的社会心理过程。“文化记忆”通常是一个社会群体共同拥有的对于过去的记忆,人们心灵深处对地域文化和历史文化的留恋促使他们采用古代文人雅集的活动形式追求文化认同感,人们在集体参与中将文化记忆、艺术追求和精神信仰延续下去,借助意义分享、传承和强化,在共同文化观念的分享中提高群体的凝聚力。

第二节　文化雅集在当代社会中的艺术传播与发展

书画雅集、妙香雅集、诗会雅集……近年来,各种雅集活动丰富着人们的文化生活,这体现了人们对于审美情趣的追求。在物质生活得到满足之后,人们开始追求精神层面的需求。[①] 沉香雅集是以山东省博物馆

① 参见王金晶:《雅集:审美情趣的大成与共振》,2015年7月10日《人民政协报》。

举办《空灵之约——中国沉香文化展》为契机设立，是集闻香、品茶、插花、抚琴为一体的观众体验场所。雅集以宋礼香席为载体，不仅包括品茗听琴、赏花论画，还有专人表演“香道仪轨”流程，介绍沉香知识，观众更可以品闻纯正优雅的上等沉香。在弘扬中国悠久传统文化的同时，让人更得静心沉思，以香会友。传播学认为，艺术是人类的感性传播方式之一，不仅雅集中的书画活动，而且雅集本身即为一种具有艺术化的行为和传播方式。与古代相比，当代社会文化形态、艺术传播环境、媒介传播渠道都发生了巨大的变化，“文人雅集”更多采用“文化雅集”表述，一字之差也反映出从古代士族阶层参与到今天大众广泛参与的变化。

一、文人雅集活动缘起

雅集是中国古代文人的一种聚会方式，近年来渐被美术史学界重视，成为一个较重要的研究领域。雅集指文人雅士弹琴、听琴、品茶、闻香、议论琴学的集会，其中伴有大量观画、作画、品题、收藏展示等活动，是中国古代文人最精致、最优雅的生活艺术和生活美学。真正意义上的文人雅集是从依附于权贵走向傲视权势的最高境界。尽管学术界并无定论，但现在很多人认为，“雅集”一词源于中国文化史上著名的“西园雅集”。文人雅集最重要的特征是随意性，“实可谓无组织之组织，盖无所谓门户之章程，而以道义相契结”。而正是这种随意性与艺术的本性相契合，使得在历代文人雅集中产生了大量名垂千古的文艺佳作。

雅集还是古代文人墨客聚会交友的重要方式之一。传统的文人雅集，其主要形式是游山玩水、诗酒唱和、书画遣兴与文艺品鉴，因而带有很强的游艺功能与娱乐性质，以文会友、切磋文艺、娱乐性灵为基本目的。以兰亭之会为表率，或者说以之为始的“文人聚会”活动，其核心的内容用更为现代的语汇来解读，实际上是文人之间的“身份认同”活动。兰亭集会的与会者们，既有名士也有政客，既有诗人也有玄学家，参与主体们的身份相互交叉也彼此有异，但“士族文化”认同却是共通的。兰亭之会也是多种文化身份的混合，并不是纯粹艺术家的聚会，或者以文会友的交流会，而是士族之间的文化集会。① 这种赏鉴活动和我们今天的美术展览、

① 参见刘悦笛：《古代雅集的历史情境》，2015 年 7 月 10 日《人民政协报》。

与西方的沙龙活动都是不同的，它更加私人神秘，只有受到邀请的亲朋雅客才能加入，普通民众不可能看到，正所谓“谈笑有鸿儒，往来无白丁”。

在封建社会，美术作品作为稀缺珍贵的文化财产被皇家和收藏家垄断，创作、鉴赏、品评的权利都掌握在文人官宦手中，藏品一般不示人，所以文人雅集这样的艺术交流具有很强的私密性、非功利性。同时，雅集更重要的是普及最新的艺术理念、取向和鉴赏品位，丰富多样的雅集活动成为文人展示自己多样才华的平台，不同风格的文人们参与雅集，共同创作、互相品鉴，进而互相影响。作为中国文化艺术史上的独特景观，传统的文人雅集留下了大量诗词作品，引发人们对于文化审美的无尽想象。

二、文人雅集的当代艺术传播环境演变

（一）社会文化形态的演变——从古代小众文人雅集到现代大众美术展览

清末以来，美术在宣传革命、政治主张，启发民智，倡导革新和文化普及等多个领域起到的作用越来越大，也让人们意识到中国古代传统的小范围内诗文创作、书画文玩的收藏、交流与鉴赏活动需要向全社会推广；加之西方现代美术思想的传入，现代美术展览和公共美术馆开始出现，美术作品展示愈加现代化。从琴棋书画诗酒茶的文人雅集，到面向全社会的美术展览，打破了中国古代艺术品的欣赏处于私人、皇家鉴藏和小范围互相观摩的状态，让普通人可以近距离接触艺术，这一转变对中国现当代艺术的转型产生了深远的影响。艺术创作和欣赏原本是私人的事情，而艺术作品本身也是感性表征的审美产品，然而在社会结构的现代化变革中，人类的艺术传播活动不仅促发了社会结构的现代转型，而且在艺术的公共传播实践中建构起艺术文化的公共领域。① 中国进入大传播时代以来，艺术传播活动在传播媒介的语境下产生了一种新型的社会文化形态——大众文化，社会公共文化空间中存在着多元文化形态。当今美术馆更加注重对新媒介的运用。例如，山东美术馆建立了收藏体系，采用立体收藏模式，不仅收藏艺术家的作品，而且对重点艺术家的艺术生平、创作理念等作重点记录。根据地域特点、文化差异、受众类型不同进行相应

---

① 参见陈鸣：《艺术传播教程》，上海大学出版社 2010 年版，第 193 页。

的公共文化艺术内容设计和传播，实现公共文化与个人文化的形态融合，切实提升受众的文化认知、艺术素养和欣赏能力。

(二)文化艺术空间变化——当代中国文化雅集与西方沙龙文化的差异

“文化空间”是一个特定的概念。我国传统文化中包含有多方面的“文化空间”——可以用于任何一种遗产类型所处的空间范围、结构、环境、变迁、保护等方面的，因而具有更为广泛的学术内涵。公共文化空间是城市空间的重要组成部分，它与西方资产阶级公共领域的形成、演化与发展紧密相关，是对17世纪以来所兴起的公共性理论与“公共”概念的一种具象化表现。现代城市发展为各类公共文化空间的成长提供了良好的环境，而公共文化空间也成为城市空间架构的文化维度和高级表现形式。

空间传播即基于空间变革而出现的新的传播形态或传播媒介机会，成为人类传播实践的必然之选。从西方历史视角看，雅典城邦的人们通过参加公民大会、陪审法庭、体育运动、大型宗教活动等进行交流，丰富了城邦的文化生活。雅典城邦的交流突破了地域的限制，形式多样，内容丰富，成为古希腊文明的代表。德国哲学家、社会学家哈贝马斯谈到“公共空间”的概念时，强调了咖啡馆、酒吧的重要意义。在西方，人们往往在咖啡馆、酒吧中谈论政治、社会，从而形成公共舆论，以影响社会的变革和发展进程。在城市这个特别的空间体系当中蕴藏着特别重要的社会意义，城市空间在传播层面上所具有的价值也日益为人们所看重。① 最初的城市文化、传统文化承载媒体是实体空间，比如广场、建筑、街区以及公共文化设施如博物馆、美术馆，在数字化网络时代又创新了传播媒介的新途径。雅集应重在“雅”，古代文人雅集不仅是文人雅士的聚集，更是各种艺术文化形式的聚集。西方19世纪出现的沙龙只在交流碰撞，而雅集更注重交流分享，更有艺术创造力。在古代雅集中，琴棋书画、诗词歌赋综合呈现，在交流中，文人们与环境、与其他艺术形式产生交流与共振。西方社会的城邦沙龙文化更加注重“市民阶层”，而中国古代雅集更加注重“士

---

① 参见郑依菁、韩晓蓉:《未来城市应是文化“可沟通城市”》，2014年11月24日《东方早报》。

大夫阶层”的身份认同,这些差异来源于社会结构的不同以及中西方文化艺术公共空间的不同。

(三)微时代,体验感——当代文化雅集媒介传播的立体化渠道

城市传播目前已经进入了创意的“大产业”发展和以微博、微信等新媒体为代表的“微时代”传播阶段,新媒体往往集视觉、听觉、触觉等多种感官于一体,以更加迅速、便捷、立体化、丰富的方式展现城市形象,传播城市文化和风格。

艺术传播活动借助于新媒体技术,在社会结构中构成了一个虚拟互动的公共文化空间。与传统媒介下的城市文化传播方式不同的是,虚拟文化空间创造了一种动态全息的、互动参与的、感官沉浸的体验式传播方式,是数字媒介技术条件下城市文化面向世界体验式传播的新途径。从大媒介观的角度着手组织当代文化雅集活动,增强大众对雅集文化的体验感,以形成文化记忆的创新形式。当代雅集活动的传播技术远比古代更为发达,媒介传播的立体化渠道更趋于微传播。在艺术史上,“艺术接受”曾经只是一部分人的特权,艺术品是一少部分人为另一特定群体创作的。而在当代媒介环境中,这一状况被改变。文化雅集活动同样如此,随着技术的发展,虚拟空间交际圈的扩大,新媒介一方面为雅集活动的开展、分众化聚合提供了便利条件,诸如相当多的文化主题论坛、艺术沙龙、品聚读书等活动往往先通过新媒体发布信息,召集参加者;另一方面,雅集活动结束后,各媒介发表的阅读、欣赏感受、朋友点评等等又是对文化雅集活动的又一次个性化传播;还有许多雅集主办方本身就有自己的微信公众订阅号,雅集前后都会有预告和报道,从而使得更多人获得雅集艺术信息。

三、文人雅集的当代艺术传播过程

中国社科院文化遗产保护研究中心客座研究员林龙震认为,雅集的复兴和普及是当前中国文化发展繁荣的缩影,当代的雅集从内容到形式都有着明显的时代烙印,它与我们的生活息息相关,对推动百姓文化生活

健康发展有积极作用。[①] 当代社会语境下的雅集在一定意义上可以看作“圈子”的小场合文化聚会。如今，在北上广深等城市，文化雅集十分普遍，更多的是“圈子”自发的一种小场合文化聚会，或看一场表演，或听一场音乐会，亦可以是一次读书会。在费用上，有的免费，有的实行AA制。无论对召集人还是参加者而言，文化雅集大都源自偶然机缘，这也是如今的文人雅集最合古代气质的一点。

近年来，在一些与艺术紧密相关的行业，如建筑设计业，每年都会结合地方文化举办文化雅集，这是依托博物馆、美术馆，针对地域及传统文化的小型集会。活动往往邀请当地顶尖水平的文化和艺术嘉宾，深入地方文化的核心地带，给参会设计师带来深度新颖的文化体验。虽然不同地域文化、艺术构建出各具特色的雅集活动，但其跨界沟通、情感交流、灵感融合的艺术功能却是一致的，对建筑设计师的启迪亦然。如2014年仲秋时节，CIID设计师峰会文化雅集活动在山东大众传媒大厦新闻美术馆举办。济南诸多的跨界名流纷纷光临此次文化雅集，学者们在品茶熏香中感受到发自内心的怡情与通透，在聆听古琴中体味出琴瑟和鸣之情真意切，在欣赏陶艺中观出中国现代陶艺的跨界发展，在观看木制家具中思考“天人合一”的哲学思想，在品读西方美学理论中反思视觉中心主义之于东方文化的内涵，在畅谈周易中学习博大精深的中国传统文化。“他山之石，可以攻玉。”雅集嘉宾们可谓是字字珠玑，他们用文化构筑起了一座桥梁，学术视野变得更宽、更广。中国建筑学会室内设计分会名誉会长张世礼先生在活动最后做总结致辞时说：“CIID济南峰会文化雅集活动的氛围、内容都是一种享受。对于设计师来说，综合的、广泛的文化艺术修养非常重要，只有如此才会有创新，作品才能有生命。”的确如此，CIID设计师济南峰会文化雅集的目的是使设计师的设计拥有文化的内涵，并以此设计文化，承担社会责任，提高社会审美品质。设计师不仅应专注设计，还要关注技术，关注文化。只有从各个方面切入人性，了解人性，顺应人性，才能真正地做出好的设计。

---

① 转引自王金晶：《雅集：审美情趣的大成与共振》，2015年7月10日《人民政协报》。

从传播过程分析此次雅集活动,整个过程富含多种类型的艺术语言,在时空的组接中构成受众多感官的感知和思维认知:观陶艺重视觉表象,欣赏者在审美基础上,对陶艺设计作品的艺术符号进行审美直觉活动,并在此基础上进行空间想象与延展,获得更高层次的审美感受;听古琴则重视听觉表象,悦耳缓缓的琴瑟和声让受众在时间的延续流动中构成听感知表象,同时运用听知觉的审美想象力,获得更丰富的艺术情感体会;品茶熏香、谈禅说理类似于古人的分享交流,虽然并不致力于创造新作品,但综合的与动态的雅逸志趣仍被赋予了更具“审美化”的意义,给予参与雅集者以愉悦和灵感。

(一)文化雅集活动中的视听艺术传播

当今社会,视听符号形态受到追捧,文化信息符号大量向视听化、体验化转化和汇聚。由于人们的审美趣味不同,“视觉艺术传播”在文化价值取向中日益占据了主导地位,不同的艺术传播方式无疑会培育不同的文化。在所有的传播方式中,视觉呈现与传播具有观念的柔和性、形象的直观性、表达的综合性、感官的渗透性、观点的隐在性、艺术的审美性与接受的亲和性等特点,可以达到更好的传播效果。[①] 听觉传播具有传播意图明确、思想内容表达直接等特点。与听觉传播相比较而言,视觉传播直接诉诸人们的视觉感官,具有形象生动、直观可见的特点。视觉元素及其塑造的艺术形象可以含蓄地传达艺术家的思想情感,具有造型艺术修养的人能够欣赏和解读其中深蕴的内涵,可供人们多元化品鉴。视觉语言不是进行强烈主观意图的表达,而是将主旨和思想隐藏于视觉元素之中,没有强制性、压迫性,富于亲和力和柔和性,接受者也乐于接受。

视觉艺术以可视思维为基本特征,视觉形象反映生活观念。它不同于哲学家以抽象概念来解释世界,而是遵循形象思维的规律,以想象、情感、理解、感知等各种心理因素有机综合为特征,通过创作活动再现现实。视觉艺术的审美性在于内容与形式的有机统一,以审美方式把握事件内容的特殊精神要素和精神内容。只有将深刻的内容转化为外在的形式,

---

① 参见林少雄:《国家形象的视觉呈现与传播策略:以中国国家形象片为例》,《艺术百家》2012 年第 4 期。

艺术才能成为观众审美鉴赏和接受的对象。视觉艺术的审美感受来自于客观对象所能引起接受者主观体验的形式，这种形式通过色彩、形状、线条、材料等视知觉因素引导接受者的特殊感觉。在文化雅集案例中，视觉传播占有重要分量，无论是赏陶艺还是观木作，各种视觉艺术形式都会给接受者最本真的视觉冲击。在心理学上，视觉（视知觉）指客观对象作用于人的感官所引起的人对该对象的整体性反应，是人"从刺激汇集的世界中抽绎出有关信息的过程"。所以，摄影和绘画都要在两度空间的视觉平面上，利用形、光、色、点、线、面等造型"因子"和节奏，对比、均衡、和谐、力度、形式感、运动感、质量感等造型"素质"，来"担任"画面领域中心的每个视觉单元。作者以造型的形式使审美对象从中"抽绎"出能与自己的感情发生共鸣的语言，达到审美的移情作用。

听觉富含音调之和谐，旋律之美妙。聆听琴声也是古代文人雅集活动的重要过程，当代文化雅集也不例外，数次 CIID 文化雅集活动都有古琴演奏，到场的设计师朋友们在优美的琴声中如痴如醉。同样在郑州的雅集活动中，在悦耳动听的古琴声中，郑州古琴艺术协会秘书长陈升先生讲解中国古琴艺术的发展历程和基本知识：古琴是什么、古琴的作用、古琴存在的意义等。琴声既表达了中国古代文化的精妙，又让人身心愉悦，可谓一举多得。

（二）文化雅集活动中参与者的身心体验

在传统接受理论语境中，"体验"主要指心理体验，即心理感知、体会艺术作品的活动，而在媒介时代，"体验"主要指的是以亲身参与为基础的"身心"体验。同时，从满足心理需求角度说，在"体验为王"的时代，受众获得更多的是即时性满足。① 从画社雅集、书社雅集等活动我们可以看出，当代雅集活动具有很强的体验感，参与者多种感官都能被调动起来；参与者陶醉在多种文化艺术形式的浸染中，在感性美的高远境界中不知不觉地接受了文化理念和艺术思想。这样的活动不同于去美术馆与作品进行心灵对话的艺术静穆感，亦别于参加酒会、派对的喧嚣感，同时又与通过电影、电视、网络等媒体进行文化圈子聚合那种看不见、触不到的时

① 参见夏秀：《当代媒介环境中的艺术接受》，《现代传播》2014 年第 12 期。

空交错感不同，所以越来越受到现代人的欢迎，具有现实发展意义。对艺术接受者来说，这不失为一种区别于大众文化传播的精准化小众传播形式。“品茗闻香化气韵，抚琴观画冶性灵。”自古茶、香、琴、棋、画、花都是不分家的。古人在朋友聚会时，一定是在案几上摆上一瓶简单的插花，茶放在每个人面前，有人抚琴，有人展画、观画，有人下棋。一炉香静静地飘着那婀娜的、旋转不定的烟，幽幽地伴在人们身旁，虽然低调、不张扬，但是每个人都能察觉到它的存在。香与茶，一个是味觉的感知，一个是嗅觉的感知，配合好才能不抢彼此的风采。在这样的氛围中展开文化雅集活动，定会获得身心陶醉且丰富的体验感。当然也有些以“雅集”为名、实为商业气息浓郁的笔会，离开了高远精神境界的支撑，如同浮萍，远离了雅集的精髓所在，商业化取代了雅聚、体验艺术的意境，受众无法获得心理上的满足感，不足以提升人们的审美能力和品位，只能学“文人雅集”之形，未能体现“文人雅集”之魂。

当代媒介融合环境中，文化雅集活动在传播过程中也开始注重参观者的感官体验和文化艺术需求，体现着文化主体对时代文化性格的塑造，同时提升公众的文化水准和艺术素养。雅集活动越来越注重创意设计，运用声、光、电等现代科技手段增强文化艺术的表现力，给观众带来一场场视觉盛宴，增强展览的生动性和直观性，加强了观众的参与性和互动性，以现代时尚元素诠释神秘而悠远的古代文明。正如米尔佐夫所说的：“视觉文化把我们的注意力引离结构完善的、正式的观看场所，如影院和艺术画廊，而引向日常生活中视觉经验的中心……我们的态度因具体情况而有所变化。”①

（三）当代文化雅集活动的传播内容

1. 充分发掘丰厚的中华文化资源，体现东方美学思想

我国在悠久的历史中沉淀了丰富的文化资源，应本着“民族的也是世界的”思想，从民族文化着手，将文化雅集与中国传统文化相结合，打造中国特色的文化艺术共同体，形成独特的竞争力。中国的传统艺术体现了东方美学的诗性智慧，在全球化的背景下，与西方文化互补，启发着现代

---

① 转引自曾军：《观看的文化分析》，山东文艺出版社2008年版，第142页。

人如何在返璞归真中静享淳朴、自然的精神家园。当代文化雅集活动可以很好地总结东方美学的传统特点和现代新特质，并强调了东方美学对当代西方艺术教育的深刻影响。济南 CIID 峰会上，手艺人、跨界设计师、“U+”设计机构董事长、艺术总监沈宝宏先生围绕着“造物‘善意之美’——传统美学在家具设计中的体悟”的题目进行了演讲：我们应当关怀生活，不执于念，设计归真，不单于类，传承并尊重有渊源的生趣。在设计中重视工艺之美，放弃各种刻意的风格，怀抱善意，听从内心的召唤，做有中国人风骨的设计。①

2.传播中国古代文化和思想智慧

文人雅集应建立在儒学文化的基础上。“竹林七贤”是兰亭雅集时代的向往，而兰亭又给我们留下了无限遐想，玉山草堂伴随着昆曲仍旧回归到清歌冷唱，相信新时代的轮回注定文人雅集还会成为傲视权贵的清高，依然会成为儒学艺术境界的高山仰止。② 在济南 CIID 文化雅集活动中，中国周易学会常务理事、山东建筑大学教授刘大民应邀出席并讲授国学文化。他指出，中华文化是世界上唯一一个没有发生过断层的文化，一个民族的振兴，首先是民族文化的振兴，《周易》的智慧和精神已经是中华民族基因的组成部分。同时，他旁征博引地将周易文化的深刻内涵、对当代社会生活及现代设计理念的指导意义进行了深入解读。谈及《周易》与现代生活的关系时，刘教授强调，无论是政治、经济、军事、文化领域，还是中医中药、建筑装饰、养生保健、书画艺术、日常生活等诸多方面，与《周易》都有千丝万缕的关系。现代设计理念应该植根于民族文化，从《周易》中汲取高深的智慧与道理来服务建筑设计。当代文化雅集活动本身就传承自古代文人雅集，所以在传播中国古代文化和思想智慧方面比其他形式更具有优势，也深化了文化雅集活动的内涵，使其区别于一般的聚会形式。

（四）当代文化雅集活动传播的分众化

艺术传播的分众化策略是指根据不同社会群体的心理需求、接受习

---

① 参见《嘉俊陶瓷——CIID2014 设计师峰会第 9 站“泉城”济南，完美收官》，2014 年 9 月 23 日《长兴新闻报》。

② 参见张卫东：《从“依附权贵”到“傲视权贵”——中国的文人雅集》，http://blog.sina.cn/s/blog_afea0a430102vafp.html。

惯和水平等特点,有针对性地选取传播内容、方式和手段。分众化策略能够大力提升城市居民的精神品位。一般的小型文化雅集活动同样可以采取这样的分众化策略,吸引志趣相同或者相似的人来参加。后来,书画市场崛起,商品经济促使书画家走向市场,而通过各种渠道和方式走向市场的书画家们不再满足于怡情切磋的雅聚,他们更需要与志同道合者结成团体,相互合作,共同提高,互惠互利。这就促成了书画团体的发展,促成了画派的形成。通过雅集切磋交流,不失为提高艺术水平、艺术趣味的行之有效的好方法。①

当今雅集应"追慕高古,生面别造",如辞赋家、学者刘长焕所言,"陶冶情性,点滴发乎宇宙;成就智慧,纤毫尤当镜鉴。长者挥毫,学者切磋,开海内之新风,铸九州之学范"②。如何以风雅的情态,再续兰亭集会之雅?不只应有"天朗气清、惠风和畅",更需要的恐怕还是"群贤毕至,少长咸集"。③

四、文化雅集在当代社会中的存在价值

文化雅集活动往往涵盖多种艺术形式,是艺术传播和艺术接受的极佳途径。它既可以扩大接受范围,又可以丰富解读艺术的视角。这种艺术接受同时还是一个无限的创造过程,因为雅集活动参与者都有话语权和表现机会,接受者自身的素养、动机、审美能力等等都有差异,其艺术感受不尽相同,相互切磋,互相启发,反而在一定程度上有助于雅集活动的艺术延伸和扩展。一方水土养一方人,每个城市的发展都会形成自己的文化特质,城市文化是物质文化和精神文化的总和。在每一个人心里都有一个角落,藏了很多往事和回忆,藏着"故乡",它并不止于一小块特定的土地,而是一种辽阔无比的心境。时代在快速发展,日新月异的生活使人们开始担心自我独特身份的迷失,于是寻找自我身份和归宿感的诉求变得越来越强烈,文化雅集活动恰好符合从当代文人、艺术家、设计师到

---

① 参见斯舜威:《雅集的现实意义》,《青少年书法》2010 年第 4 期。

② 转引自张亚萌:《以风雅情态再续兰亭》,http://news.ifeng.com/gundong/detail_2014_04/02/35371509_0.shtml。

③ 参见张亚萌:《以风雅情态再续兰亭》,http://news.ifeng.com/gundong/detail_2014_04/02/35371509_0.shtml。

普通公众寻求文化归属感的心理需求：以兴趣聚合，或品茗读书，或弹琴作画，或赏花修禅，或以文会友、各尽所长，在观点的交流碰撞中实现一定的文化认同。海德格尔强调，在天地万物相互隶属的大统一体中，任何一物都是其显现的、出场的方面与其隐藏在背后的、不出场的方面的统一体。审美意识(诗、艺术品)通过在场的东西，显现出背后不在场的东西，由"显"到"隐"，进入无穷无尽的隐蔽领域。这就是审美、艺术创造出的令人玩味无穷、不同于日常生活的全新世界。① 当代文化雅集活动组织者和参与者同时进行着"显"与"隐"的转换与感受，在雅致的趣味中寻求艺术的表达和身心体验。

第三节　博物馆世界巡展的国际文化传播

一、文明互鉴视角下的博物馆世界巡展

党的十八大以来，以习近平同志为核心的党中央高度重视国际传播能力建设，多次强调要着力打造融通中外的新概念、新范畴、新表达，讲好中国故事，传播好中国声音。中国声音的对外传播必然依赖于一定的文本载体。在文化与价值传播传统语境中，文本语言承担更多的传播载体，如不同国家的人民通过文字学习、书籍、报纸杂志等媒介进行交流。在由语言符号铺设的意义世界，国际话语冲突本质体现为框架冲突，即由于理解方式的差异而形成的认知冲突。因此，以何种方式对话语内容进行有效的编码、组织，涉及文本表征层面的形式创新问题。② 习近平总书记在2013年8月19日全国宣传思想工作会议上指出："讲好中国故事是全党的事，各个部门、各条战线都要讲。要加强统筹协调，整合各类资源，推动内宣外宣一体发展，奏响交响乐、唱响大合唱，把中国故事讲得愈来愈精彩，让中国声音愈来愈洪亮。"③我们需要发挥多元主体的能动性，形成合

---

① 转引自张世英：《当代美学应升华境界之美》，2015年2月2日《人民日报》。

② 参见刘涛：《新概念　新范畴　新表述：对外话语体系创新的修辞学观念与路径》，《新闻与传播研究》2017年第2期。

③ 《习近平总书记系列重要讲话读本》，学习出版社、人民出版社2016年版，第211页。

力,发掘全球传播语境下的文化传播与价值传播规律,提炼出中国价值的核心概念与逻辑结构,共同推动中国文化“走出去”——不仅是一般性的扩大中国文化的国际影响力,而是要通过各种手段展示中国文化的独特性以及丰富的文化内涵。

跨文化传播是基于文化差异性的交流活动,这种差异性有时会给交流带来一定的障碍,但也常常碰撞出流光溢彩的火花。就“中国故事”的传播渠道而言,就呈现出多样化态势,媒体是渠道主战场,另外还有文学影视作品、国际峰会以及海外力量。[①] 在这些渠道中,传播内容往往具有明显的文化烙印,传播渠道又往往受制于机制而不能实现常态化。在传播效果上,文化圈对外来文化起选择作用和自我保护作用:当外来文化有利于原有文化模式的时候,便容易被接受,并被作为一种新的文化营养为原有文化所吸收;如果外来文化对原有文化模式有破坏性时,“维模功能”就会起“守门人”的作用,拒绝外来文化的侵入。学者们在总结传播效果时,也注意到中国传统文化内涵的丰厚程度在国际文化传播中有着“双刃剑”效应,深厚的文化底蕴使得中国文化独具魅力的同时,巨大的文化差异也成为国外民众在认知中国文化过程中的巨大障碍。[②] 艺术是人类以情感和想象为特性把握世界的一种特殊方式,是人们现实世界和精神世界的形象反映,代表了人类对情感和所处环境的思考。近年来,国内博物馆业发展迅速,博物馆作为一种媒介,承载着一个国家、一个民族的历史与文化的传承与对外传播。在全球化时代,各国博物馆通过世界巡展和立体化的“互联网+”传播体系,使得文化传播过程始终贯穿着本国传统地域文化的印迹与思想价值脉络;来自异域的人文土壤往往可培植出独特的艺术语言和风格,这种碰撞对不同国家的文化艺术传播都有益。对中国而言,“请进来,走出去”的艺术品展览形式为“讲述中国故事、传播中国声音”提供了宽广、自然又立体化的渠道。

近年来,随着中外文化交流的日益活跃和不断深化,国外公众接触中

---

① 参见崔潇:《十八大以来“讲好中国故事”理念国内研究综述》,《对外传播》2017年第2期。

② 参见杨越明、藤依舒:《十国民众对中国文化符号的认知与偏好研究》,《对外传播》2017年第4期。

国历史文化的机会越来越多，对中国文化的认知也越来越深刻，很多人已经不满足于对中国文化浅层次的认识和符号化的理解，更加渴望深入了解中国文化，并通过欣赏中国的文化艺术，了解中国的历史变迁和社会发展以及中国人的生活哲学和价值理念，进而重构对古老东方大国的现代化想象。博物馆通过讲故事的方法开展文化传播，已成为国际通行的做法。例如，美国大都会艺术博物馆就推出了一个名为“讲故事的中国画”的专题展览，把数千幅珍贵的中国书画作品，通过讲故事的方式进行展陈。2017 年，在纽约古根海姆博物馆内，一个主题为“故事新编”的中国当代艺术展览也在展出。[①] 另外，俄罗斯、英国、法国、德国等国家都和中国的国家博物馆、中国美术馆有巡展协议，可以让我国公众在家门口观看到“卢浮宫的创想——卢浮宫与馆藏珍品见证法国历史八百年”“大英博物馆一百件文物讲述世界史”巡展的同时，将中国文化传播出去，而“一带一路”战略实施将为此提供更好的路径。

在当今社会生态中，博物馆是一个实现艺术分享、价值对话和情感共鸣的空间。艺术品具备超越国界和超越时代的审美价值，可以净化心灵，化解矛盾，建立起人类的同理心和世界人民的想象共同体。跨文化对话视野意味着要拆除“中国文化传统”这个本就是自我想象中的堡垒，在跨文化互动中接纳其他文化。文化的浸润性力量很强，但其作用一般是长期性和间接性的。博物馆的世界巡展如何在有限的时空里更大效果地传播异域文化？与当地展览同步进行的巡展形式如何在对比展出中更好地实现“文明互鉴”？策展方如何更好地运用中外文化符号的共同性与可理解性，实现“多种声音、一个世界”的跨文化传播效果？近两年的世界巡展案例会带给我们很多思考。

二、走出去——中国的博物馆世界巡展的案例分析

（一）美国纽约大都会艺术博物馆举办“秦汉文明”特展

秦汉时期的中国创造了厚重的多元文明，综合国力和文化软实力均居当时世界前列，秦汉王朝所建立的政治、经济与思想体系不但为后世历

---

① 参见李立言、郭文梅：《中美文化交流：如何精彩讲述中国故事》，2017 年 3 月 24 日《中国文化报》。

代王朝所取法借鉴，也为中华文明的持续发展奠定了坚实的基础，并对世界产生深远影响。秦文化在中国历史上的重要性使包含有秦兵马俑的秦代文物展览或秦汉文物展览成为体现中国古代文化的极好载体。纽约大都会博物馆举办的“秦汉文明”特展是2017年全美国规模最大的中国传统文化展览，展出了160多件文物精品，三个月间吸引了35万人次观众。大都会展览结束之后，中国国家博物馆在原来基础上进行了重新策划与布置，根据中国观众的需求增加展品，最终推出博物馆的年度大展，基本涵盖了中华人民共和国成立以来有关秦汉时期的重要考古成果，通过对文物的深入解读和相关拓展内容的展示，全面展现秦汉时期中国的辉煌成就。

（二）美国洛杉矶盖蒂艺术中心举办“中国丝绸之路上的佛教艺术展”

由敦煌研究院和美国盖蒂保护研究所联合举办的“敦煌莫高窟：中国丝绸之路上的佛教艺术展”在美国洛杉矶盖蒂艺术中心举行。此次展览分为探索石窟遗址、珍稀文物展示和多媒体体验三大部分，共展出3个莫高窟原大复制洞窟，即敦煌现存最早的第275窟（北凉）、早期石窟中内容最丰富的第285窟（西魏）和以色彩厚重、富丽著称的第320窟（唐）。同时展出从大英博物馆、大英图书馆、法国国家图书馆、法国吉美国立亚洲艺术博物馆借展的43件敦煌藏经洞出土的文书、绢画、织物等珍贵文物。首次将新式科技3D立体虚拟实境运用于博物馆展览中，观众可以通过大型全景投影，结合3D虚拟实境，身临其境地体验盛唐时期第45窟的立体影像。展览还展示了中美双方近30年的合作历程和取得的成果。①这次展览使用了多类型的展品，如文书、绢画、织物；并联合了多个国家艺术博物馆、图书馆，展品时间跨度也长达30年。无论是时间、空间上，还是视觉体验上，都是敦煌文化精华的浓缩与集中。中国“丝绸之路”闻名世界，时下“一带一路”又是国家战略，这个世界巡展意义重大且影响深远。依托敦煌莫高窟这样举世闻名的文物展，在洛杉矶盖蒂艺术中心这样一个巨大的集艺术收藏、展览和公共教育以及专业研究于一体的体系

① 参见甘文：《中国丝绸之路上的佛教艺术展在美国洛杉矶盖蒂艺术中心举办》，2016年5月10日《中国文物报》。

中进行巡展，符合保罗·盖蒂“艺术是一种启示”的理念。

（三）加拿大皇家安大略博物馆的兵马俑展览

美国旧金山亚洲艺术博物馆“兵马俑特展”从开幕前的宣传到推广展览，实现了传播者和受众之间的互动，该案例获得了美国博物馆协会的推广宣传奖。① 在加拿大皇家安大略博物馆里，2010 年也有兵马俑的展览。策展人沈辰认为，2010 年兵马俑展览是全球影响力比较大的一个展览。很多外国朋友其实很想知道为什么这个叫秦始皇的“怪人”会在这么短的时间里建造出这么多“离奇的东西”。兵马俑展览是皇家安大略博物馆历史上最成功的展览，一共吸引了 35.5 万参观者。②

沈辰认为，在这个急剧转型的社会中，博物馆肩负的使命依然是保护人类自然和文化遗产。兵马俑就是这样的遗产，这是不会改变的，并且在今天尤为重要。文化遗产不是多么深奥玄虚的东西，很多时候就是对过去的记忆和经验传承。从这个角度看，它是一种无形的符号。只有当这种记忆与公众有关联，让公众感受到触动的时候，文化遗产保护才有影响力，才能感染大家。否则，当一段历史与公众无关的时候，公众就不会在乎它的命运了。博物馆藏品是文化遗产的一部分，如何让藏品走进公众心里，是博物馆永恒的命题。③ 每个国家、每个城市的艺术博物馆或者历史类博物馆关于地域文化、民俗文化的特展往往会带有很强的“集体记忆”和“文化认同”意识：从展览题目、场景还原，到展品摆放、展线设置，都有文化议程涵盖其中。

北京师范大学依托国际著名调研平台 Survey Sampling International(SSI)，于 2015 年年底至 2016 年年初开展的《外国人对中国文化认知与意愿》年度大型跨国调查发现，长城、竹子、和谐是国外受访者认知度最高的三个中国文化符号，而像昆曲在国外的认知度较低。④ 传播学者指出，

---

① 参见赵君香：《齐鲁文化传播媒介的创新研究——以博物馆、美术馆为例》，《人文天下》2015 年第 5 期。

② 参见“沈辰专栏”，弘博网，http://www.hongbowang.net/djzl/。

③ 参见沈辰：《构建博物馆：从藏品立本到公众体验》，《东南文化》2016 年第 6 期。

④ 参见杨越明、藤依舒：《十国民众对中国文化符号的认知与偏好研究》，《对外传播》2017 年第 4 期。

"意义"比"信息"更适合描述传播的过程,即传播作为符号的活动,是一个持续不断地合作建构"意义"的过程;意义是主客观相结合的产物,是客观事物在主观意识中的反映,也是符号所包含的精神内容。[①] 如何避免巨大的文化差异的影响,让丰厚的文化内涵在国际文化传播中借助巡展展示其历史价值与艺术魅力?旧金山亚洲艺术博物馆和加拿大皇家安大略博物馆在传播环境营造、传播策略实施、布展策展、媒体宣传、符号的意义阐释方面提供了宝贵的经验借鉴。

(四)中国博物馆在欧洲国家的世界巡展

在俄罗斯第18届国际博物馆节上,经国家文物局批准,并应主办方俄罗斯国立博物馆展览中心邀请,中国文物交流中心首次参展,并为中国博物馆近两年的精品展览进行推介。驻俄使馆和莫斯科中国文化中心全力协调和推进文物交流中心与俄罗斯博物馆开展实质合作,并介绍俄罗斯博物馆协会、普希金造型艺术博物馆、圣彼得堡皇家博物馆负责人与文物交流中心接洽商谈。圣彼得堡皇家博物馆馆长奥丽卡女士希望到中国北京、上海等城市举办琥珀文物展,并愿与中方共同合作举办宫廷皇家文物交换展。中国文物交流中心赴展负责人接受了俄罗斯"24频道"和"今日俄罗斯"两家电视媒体的现场采访,重点介绍了文物交流中心的历史、中俄博物馆合作情况以及参展目的。[②]

当下的法国社会有一种浓郁的中国文化氛围,营造了中国文化的一个"空间",这个"空间"丰富了法国人对于中国的文化想象。在法国人眼里,中国文化是非常精巧、感性且细致的,无论是中国绘画、古建筑,还是瓷器、古代服饰,甚至是中国的饮食、茶艺等,都丰富着法国人对于中国文化的一种神秘的想象。[③] 在法国的巡展策展中,也多为满足受众的这些需求和想象而讲述中国故事,将受众的碎片化描述和认知转化为系统完

---

① 参见孙英春:《跨文化传播学导论》,北京大学出版社2008年版,第47页。

② 参见国家文物局:《俄罗斯第18届国际博物馆节在莫斯科开幕 中国文物交流中心首次应邀参展》,http://www.sach.gov.cn/art/2016/5/23/art_722_131095.html,2016年5月23日。

③ 参见张金岭:《"法"眼看中国:文化想象中的"他者"研究》,中央民族大学博士学位论文,2007年。

整的中国文化脉络。

（五）地方博物馆国际文化巡展交流案例

除了国家级博物馆外，地方博物馆的国际文化交流项目也日益增多。比如山东省博物馆探索并践行“走出去”与“请进来”相结合的双向对外交流模式，致力于促进和加深民众对中西方文化的了解。一方面，凭借以汉代画像、木版年画、佛教造像、明清服饰等为代表的中国传统艺术文化，屡屡走出国门，充当文化交流的使者；另一方面，积极引入了一批国外优秀的文化精品进行展览。2012年的“西班牙当代艺术大师胡安·里波列斯雕塑、绘画展”及日本“荻烧——山口县陶艺展”，2013年的“欧美经典美术大展”和2016年的“永恒之城——古罗马的辉煌”等巡展让中国的老百姓在家门口就欣赏到了国外的艺术精品，获得了社会各界的一致好评。山东美术馆2017年推出的“无所容行——美国艺术家当代绘画作品展”则将世界首例交互式虚拟绘画——“水墨交互”带到国内展厅，实现了艺术展陈与人的观赏的完美结合。2017年8月9日，第五届世界摄影大会的五个摄影展在山东美术馆拉开帷幕，来自世界各地的摄影艺术家齐聚省会，最引人注目的是摄影大名师尤素福·卡什的人物肖像展，尽管展期短，却吸引了数万名观众前来观看。在国内知名网络媒介“大众点评网”上，有观众对此次展览印象深刻：“周末到美术馆转转，恰巧碰上世界摄影大会（济南站）开展第六天，零距离观赏到了‘愤怒的丘吉尔’，以及其余154件卡什经典名人肖像原作，这是何等幸运！”“似乎每天都有不少人，专业人士齐刷刷‘长枪短炮’，一天之内见到了各种品牌、形态各异的相机。一位老人已经不能下地，坚持坐着轮椅前来看展，身边跟着他的后辈；爱好摄影的失语者，聚在一起用手语交流想法。纵然期间也有因为人多带来的困扰，但整体氛围仍然很好，仿佛一次朝圣。”美术馆在引进国际展的同时也积极走出去展览。2017年9月7日，山东美术馆两个项目入选“山东省2017年度优秀对外文化交流项目”。由中国文化部组织在美国开展的第四届“跨越太平洋——中国艺术节”成功举办，“山东文化周”集中展示了来自孔子家乡的各项文化艺术成果；“齐风鲁韵——山东当代名家精品展”作为“山东文化周”的重头项目，呈现了近40位山东当代书画名家的代表作品。参展作品题材多样、内涵丰富、风格迥异，全面展示了山东画坛的创作实力与艺术风貌，增进了美国观众对当代中国画的了解和认识，让更多的外国友人感受到了齐鲁文化的魅力，为中美文化交流注入新的活力。

三、通过博物馆世界巡展实现文化自信

希伯来精神和希腊精神是西方文化的奠基性概念，也是整个西方文明的精神源泉；而古埃及和古中国也开启了古老东方文明的源头，形成了绵延久远的文化传统。无论是“走出去”还是“请进来”，要想实现文化交流的可持续发展，本土文化与全球化观念的融合十分重要。不同文化元素的碰撞创造了一种新的文化形态、生活方式、表现方式。文化的流动并不是单纯的征服与被征服的关系，而是相互影响、相互塑造，这种创意性融合为本土文化注入了新的生命力。因此，在全球化语境下，文化输出不仅要在展览层面上“走出去”，更要在效果层面上“走出去”。[①] 无论是“走出去”还是“请进来”，博物馆都要依托世界巡展进行对外传播，通过情感化的叙事方式策展布展，通过展品的隐喻意义表达中国价值，通过视觉文化时代图像与生俱来的传播优势来影响人们的认知系统。博物馆世界巡展必将成为讲述中国故事、传播中国声音的重要路径，并在这个过程中发挥出更大作用。

---

① 参见南京市委外宣办：《对外文化交流可持续发展实现路径探析》，《对外传播》2017 年第 5 期。

第五章　城市文化与博物馆传播

人类自造物以来，视觉艺术史就见证着整个人类文明史和城市发展史。文化艺术的载体具有很多类型，博物馆是其中重要的代表之一，能够展现人类文化的多样性、特殊性。博物馆是提供“观看”和“体验”的场所，其价值在于启蒙精神、传达思想。博物馆通过建筑空间保存记忆，拥有着各式各样的物质文化，并且通过典藏、诠释与展示等方法，保留见证人类文明的历程并书写历史，成为一个国家、一座城市的地标和文化殿堂。[①]博物馆在精神文化方面对观众的启迪体现在营造环境空间及意境氛围上，不同城市的博物馆有不同的“味道”。博物馆本身又是一个媒介，在传达各种信息的过程中往往需要借助各种其他媒体的力量，这充分体现出传播的价值和力量。在大众传播蓬勃发展的今天，新媒体手段层出不穷，博物馆的传播在媒介融合环境下愈加重要，其知识传播、艺术传播、教育传播的功能在新媒体的推动下也呈现出更加丰富的样式。

根据“交互界面”理论，城市是最大的交互界面，城市作为交互界面创造“复合空间”。有关城市传播的理论关系到中国博物馆未来的健康发展，也给传播学开辟了新的研究领域与实践领域。

---

① 参见姚安:《博物馆 12 讲》,科学出版社 2011 年版,第 1 页。

第一节 媒体融合时代城市文化传播概述

一、新媒体如何构建城市“意义之网”

虚拟城市空间创造了一种动态全息、互动参与、感官沉浸的体验式传播方式,是数字媒体技术条件下城市文化面向世界进行体验式传播的新途径。

(一)审美的跨媒体叙事

多元文化冲击、媒体手段的变迁,使城市传播内容更加立体化,其中既有传统文化内容,又有创意产业下的都市新文化内容;既要传播社会主义核心价值观,又要站在时代前沿传播新思想。对传播内容的整合以及与媒体形式的和谐统一尤为重要。

新媒体环境下城市共同体的建构,需要依赖跨越时空的传播来“编织”意义网络。国际城市之间的文化传播只有尊重城市文化的多样性,打破区间隔阂,才能实现彼此的文化交融。媒体融合后应运而生的一种新的审美意境即跨媒体叙事,将新技术、新实践融入城市文化传播中,呈现出独特的形式,反映着城市的政治、精神和文化传统。

(二)体验式传播的途径

当下社会进入一个信息碎片化、文化快餐化的时代,如何把中国文化的优秀元素与新媒体文化相结合;如何提升民众的文化素养,使其能够甄别纷繁复杂的媒体内容;主流媒体应如何依托文化的旗帜,使其获得更优的传播效果,这些问题都在新媒体环境下渐次凸显。微博、微信等“微传播”工具成为新的文化载体,媒体融会贯通了各种平台,将受众汇聚到一起。移动终端是当今传媒技术发展的一大成果,城市文化依托移动客户端进行传播势在必行。新媒体技术的发展为传统文化的传播提供了新的表现形式,强化了城市文化的辐射力。伴随着城市空间从“围墙而城”到数字虚拟城市的形态变化,城市文化的传播方式也由身体“历”行、语言传播、影视传播等传统的传播方式走向数字媒体的网络传播方式。与传统媒体下的城市文化传播方式不同的是,虚拟城市空间创造了一种动态全息、互动参与、感官沉浸的体验式传播方式,是数字媒体技术条件下城市

文化面向世界进行体验式传播的新途径。①

（三）受众意识形态的变迁

相比于纸媒、广播电视等传统媒体的单一性来说，新媒体环境下成长起来的青少年一代对于文化传播形式与渠道的选择愈加挑剔和多样，加之各种社会思潮借助新兴媒体与我们争夺青少年受众的竞争日趋激烈，势必要求城市文化传播跟上传播方式、手段与载体的变化步伐。媒体融合引发了受众意识和整个社会文化形态的变迁，如微信对受众日常生活的“侵入”——每天早晚刷“朋友圈”的时间、有关旅游的图文动态发布、聚餐时的手机拍照、某一城市场景事件的小视频等等，都使得都市文化迅速蔓延到各个角落，原来媒体旅游版面或者记者、导游所展示的“内容大餐”如今成为媒体的家常便饭。“受众”这一群体已经模糊了面目——因其本身已然成为传播主体，市民会以城市主人翁的角色去传播城市文化，互动性显著增强，网络城市社区的聚合力形成。

（四）立体式传播系统的建构

在媒体融合和新媒体发展的背景下，视觉内容的类型、形式、手段发生了相应变化，视觉传播过程出现了分众化、个性化等特征。当前的重点在于大数据技术和移动互联网背景下产生的城市文化“微传播”。媒体变迁与融合中，不变的是文化价值，变化的是在融合过程中传播者对传统文化的继承与创新。如杭州市有着许多美丽又浪漫的传说，许多景点以此命名。一些影视作品选择到杭州选景拍摄，很好地诠释了杭州市政府打造的“生活品质之城”这一理念，更将城市的美好形象、好客精神广泛传播开来。“中国杭州”政府门户网站以清新的风格、丰富的内容、良好的互动、务实的应用获得了社会各界的认同和好评。历年来，在多家测评机构的全国政府网站评估中，“中国杭州”政府门户网站均名列前茅。

要在互联网思维的引领下，在互联网技术、新平台框架下，重构价值体系和传播体系，打造全新的媒体系统，不仅要有由内向外的传播，更要有由外向内的吸收。中华文化要在不断汲取各种文明养分的过程中焕发

① 参见王妍等：《虚拟城市：城市空间的数字化重构与城市文化的体验式传播》，《哈尔滨工业大学学报》（社会科学版）2011 年第 1 期。

新的活力,我们需要在推进人类各种文明的交流交融、互学互鉴中,增强我国的城市文化软实力。

二、博物馆在城市传播中的作用和影响

在《城市的精神》一书中,两位哲学家用街头漫步和聊天的方式考察了世界最具吸引力的九大城市,论述了每个城市的精神是如何体现在各自的政治、文化和经济生活中的。① 这些城市通过坚持独特的精神而在全球化过程中保有了独特的个性,给予在城市生活的人最重要的身份认同。在这些论述中,对城市精神体现得最全面的就是艺术博物馆。作家、艺术家用不同的媒介手段描述城市,塑造一种媒介中的城市精神,而艺术博物馆能更为综合地展现城市文化的精髓,体现城市的内在精神。目前,许多世界著名城市的地图上都显著标注出艺术博物馆的信息,在对旅游景点的推介中也会提供博物馆、艺术展览和著名展品的详尽信息;有的在地图上直接以某名画为图标,如在挪威首都奥斯陆的地图上,蒙克的《呐喊》图标指示着国家美术馆的位置,可见艺术博物馆的作用之大。

近年来蓬勃发展的博物馆现象,并非仅仅发生在某一个国家。我们将镜头拉向整个亚洲地区,无论是大中华地区、东南亚地区,还是中东等区域,都存在着至少一个在本区域内表现突出的新兴博物馆之城。这些亚洲的博物馆城市领跑者,均得到了当地政府的大力支持。与欧美成熟的博物馆体系相比,"偿还历史的债务"的文化预算也合乎区域发展的逻辑。在以经济发展与区域振兴为主要驱动力的博物馆兴建潮流中,博物馆自身的艺术内核与文化价值是否能得到彰显?后起的亚洲博物馆能否在西方"百科全书"式博物馆的先发优势下,创造出自身的发展范式?这值得每一个博物馆人思考。

世博会之后的上海,不仅完成了中华艺术宫、上海当代艺术博物馆等一系列公立美术馆的改造和新建计划,上海西岸也成为全球文化区新兴网络中不可忽视的成员;收藏家刘益谦创立的龙美术馆、余德耀的同名美术馆在近一年来成为以私人收藏奠定私营美术馆基础的新范本。而收藏

---

① 参见[加]贝淡宁、[以]艾维纳:《城市的精神》,吴万伟译,重庆出版社 2012 年版。

家刘益谦以《功甫帖》之争和高价收藏鸡缸杯获得社会关注，甚至可以作为新建博物馆的口碑营销范例。与他们爆发性的社会关注度、令人瞩目的昂贵藏品以及名流云集的美术馆开幕相比，美术馆内部专业策展体制的建立以及与观众的持续性互动，还需要更长时间来经营。与拥有长期积累的藏品以及政府连续投入的公立美术馆相比，私营美术馆在筹资、运营和策展上，需要应对的专业挑战不可谓不艰巨。

三、城市故事展览：运用“定向期待视野”进行文化传播

德国文艺理论家姚斯提出：“人们在接受文艺作品时，头脑中必定先预存着给定的生活境遇、文化背景下逐渐垒成的人生经验、文化修养、审美惯例等理解的基础。”①他认为在文艺作品接受活动中，接受者原有的知识经验、文化素养、审美趣味等方面综合形成他对文艺作品的欣赏和期待。期待视野可以分为定向期待视野和创新期待视野，这两种类型体现了人们接受事物的心理特点。定向期待视野是指人们在接受文艺作品时具有之前形成的选择意向和欣赏定势，反映了人们倾向于选择自己熟悉的事物。创新期待视野是指人们接受文艺作品时希望从中获得新的审美体验以及有所发现，反映了人们追求变化和新异的心理特点。人们在成长过程中总会有意识或无意识地接受民族文化的影响，构成了期待视野的基础。

（一）香港历史博物馆——“香港故事”常展

“香港故事”是香港历史博物馆多年来辛勤努力收集、保存珍贵文物的总展示。整个展览占地 7000 平方米，共有 8 个展区，分布于两层展示厅，包括“自然生态环境”“史前时期的香港”“历代发展：从汉至清朝”“香港的民俗”“鸦片战争与香港的割让”“香港开埠及早年发展”“日占时期”及“现代都市及香港的回归”。通过逾 4000 件展品、750 块文字说明、多个立体造景及多媒体剧场，配以声和光的特殊效果，栩栩如生地展现了香港的自然生态、民间风俗及历史发展。“香港故事”从 4 亿年前的泥盆纪开始，以 1997 年香港回归作结，内容务求雅俗共赏，趣味与教育并重。这

---

① 转引自黄光伟：《“期待视野”与主体审美心理结构的建构、调整》，《北方论丛》2001 年第 3 期。

个展览将“集体记忆”的策展理念充分发挥出来，藏品记录着前人的事迹和昔日的光景，赋予博物馆和展览以生命力。香港本地的参观者穿越香港历史时空，寻求地域文化渊源，形成香港市民的文化身份认同；而大陆或者国外的参观者通过这个常展，也了解到香港这个世界级繁华都市还有这么久远的历史和深厚的地域文化，从而提升了大众对香港城市的兴趣。

（二）香港文化博物馆——地域文化展与当代艺术展

香港文化博物馆位于香港沙田文林路一号，是香港一所综合博物馆，展品涵盖历史、艺术等范畴。博物馆的设计是采用中国传统的四合院布局，并运用现代建筑技巧，极具特色。博物馆专注于收藏香港及邻近地区的文物，主要是新界文物、粤剧文物、本地设计藏品和艺术作品。其中，新界文物馆内陈列逾300件文物，利用时光隧道、各式重构情景和多媒体节目，让你领略到这个地区的自然环境及社会变迁。粤剧文物馆展厅陈列着本馆搜藏的粤剧文物，包括昔日名伶的表演用品，并透过重构的戏棚和电脑影音媒体，生动又全面地展现了粤剧艺术的历史和特色。

在中国其他很多城市的博物馆里，也都有城市故事的展厅。如深圳博物馆，将深圳市如何从一个小渔村发展成国际大都市的波澜壮阔的过程展现出来。展厅里有体现深圳创业精神的孺子牛，有体现深圳城市文化的口号提炼。首都博物馆有“城市记忆：百姓之家”展览和“读城：追寻历史上的北京城池”展，让北京市民可以寻觅到昔日承载吃穿住行的“老物件”。杭州市政府善于将城市基础设施运用于城市精神传播方面，公共交通、街区景区、博物馆、美术馆、城市公共艺术都充分展示着政府服务理念与文化活动。西湖附近有许多知名的博物馆、美术馆，著名的公共文化设施为城市精神传播助力，城市因文化底蕴和艺术气息愈加彰显城市品质，更利于传播地域文化和城市文化。其他省市博物馆也都有历史文化展厅，如烟台市博物馆、临沂市博物馆，以真实的记录承载民族文化信息，融入故事叙事，不失为传承地域文化的策略之一。

刘易斯·芒福德在经典著作《城市文化》中专门论述了“博物馆的使命”：艺术和社会历史博物馆的本质意义在于它能够将记忆从其原先依赖

的文化中分离出来。[①] 一方水土养一方人。每个城市的发展都会形成自己的文化特质，作为城市物质载体的博物馆记录了这座城市在不同历史时期的社会变革。没有博物馆，城市将失去凝重与悠远。一个与城市环境、人文特征相匹配的博物馆能提升城市的品位，张扬城市的个性魅力。"为一座博物馆赴一座城。"博物馆是了解陌生的地方文化的一条捷径，通过博物馆里丰富多样的展品和清楚的简介，可以迅速地了解当地的历史沿革，人们的生产、生活方式，甚至是思想观念。

四、中国博物馆与城市传播——以山东省为例

城市精神是孕育市民精神的母体，在一定意义上也是民族精神的具体体现，是城市文化长期积淀而成的独特品质。城市的每一次蜕变，无论是现代化的变革，还是经济全球化浪潮下的转型，都需要物质空间的生产与更新，都需要城市精神的传承与培育。现代城市精神并不是空泛口号式的，而是建立在城市基础设施先进、互联网环境优良、城市智慧化程度高、城市善治、政府服务理念新、市民生活舒适便捷的基础之上。与此同时，当代社会文化形态、艺术传播环境、媒介传播渠道都发生了巨大的变化，"互联网＋"城市传播将隐藏的城市精神、城市气质通过媒体宣传、口碑传播、事件传播、城市文化创意、城市故事展览、仪式传播等等方式展示出来。在中国经济快速发展的强力推动下，公共文化设施于 20 世纪末期进入大发展的历史阶段；各省市博物馆、美术馆的新建和改扩建，得益于中国经济的高速发展和人民日益增长的文化需求。

(一)山东省内博物馆基本情况和发展态势

"十二五"以来，山东省内博物馆建设步伐加快，基础设施得到改善，体系日益完善，服务水平不断提高。其中，山东省博物馆新馆选址在济南市区主干道经十路东段，和山东美术馆共同构筑起宏伟、典雅的建筑群，体现了民族风格与现代艺术的结合，成为历史文化名城济南的新景观。山东省博物馆基于丰富的藏品优势，集收藏、研究、社会教育三位一体，肩负着展示山东地区璀璨的古代文明、弘扬民族传统文化、普及自然科学知

---

① 参见[美]刘易斯·芒福德:《城市文化》，宋俊岭等译，中国建筑工业出版社 2009 年版，第 476 页。

识、进行爱国主义教育的重任,是展示齐鲁文明的窗口。新馆开放以来,凭借一流的硬件设施、凸显齐鲁文化的高水平展览和温馨周到的服务,成为全省文化建设新地标,得到社会各界的赞誉,被业界誉为“山东博物馆效应”。同时,全省新建、改扩建博物馆达100余座,17个地市、文物重点县(市、区)都建立了博物馆。

山东美术馆的建筑设计创意来源于底蕴厚重、外廓鲜明的地域文化特质——具有山型特征的建筑形体逐渐过渡到方整规则的状态,这是对山东的风土地理特征最恰当的诠释。南部的泰山余脉在此与城市平缓交接,形成泉城济南的重要地理特征。于是,建筑师确立了以“山、城相依”为概念、从三层的具有山形特征的形体逐渐切削过渡到五层方整体量的基本构思。在展览空间的布局上,没有简单地按历史发展脉络分层布置展览,而是将近现代艺术与当代艺术的展览同层加以设置,并分别围绕两个中庭空间形成闭合的环形流线。

(二)特色展示和公众活动

2014年,山东省博物馆举办各类展览41个,其中圆明园特展为期三个月;配合这次特展,还举行了多次有关“三山五园的历史文脉”等讲座。“非洲野生动物大迁徙”吸引了众多青少年走进博物馆探索生态文化,如今周末和节假日博物馆门口长长的队伍已是经十东路很自然的景观。博物馆还组织了“面向公众的博物馆报告”“齐鲁文博讲坛”等讲座,在丰富公众文化知识的同时也引发他们对文化的思考。此外,还面向少年儿童开展了各种实践活动,如“孔子学堂”是一项以传承中华传统、讲述国学文化知识为主要内容的特色活动;“文化大篷车”则是博物馆工作人员走进学校传播齐鲁民俗文化艺术的一项活动。

(三)数字媒介和虚拟场馆

山东数字化博物馆致力于打造“没有围墙的博物馆”,建立了文物的数据检索、查询和三维多媒体展示系统,观众足不出户就可以共享丰富的馆藏文物资源。全省博物馆在保护传承优秀传统文化、丰富群众精神文化生活方面,发挥着越来越重要的作用,为经济文化强省建设做出了积极贡献。2014年9月,微信公共平台“品味山东省博物馆”正式上线,发布速度及时,内容丰富详尽,可以更好地促进齐鲁文化的传播。

另外，山东美术馆打造了网上虚拟美术馆，应用国内最先进的技术，数字化模拟新馆的所有功能区域，展厅、灯光效果以及正在展览的作品与现场效果一模一样。受众点击后可了解作品和作者的详细介绍，展览预告、馆藏作品欣赏、预约参观等都能在网上实现。

(四)保存文化记忆

在对博物馆文化认同作用研究上，沙伦·麦克唐纳的研究较为深入。他对19世纪博物馆在民族国家构建中发挥的文化认同作用作了简要概括，认为博物馆的展品和建筑是文化的表征和"对象化"，而文化是民族的表现方式。博物馆将这些物品集中在一起，自然被看成是民族认同的表现形式。此外，博物馆的视觉和空间特征对认同具有重要意义。① 优质的特色文化品牌，对于提升地区文化品位、提高一个地方的知名度、美誉度和竞争力起着积极的作用。以山东省的文化旅游城市泰安市为例。当地博物馆和美术馆在政府的统筹规划下，对地方文化记忆载体或者衍生文化创意产品进行了大力推广，比如着力开发泰山玉、石敢当、大汶口陶艺、泰山剪纸、泰山皮影、四音戏、道教音乐、泰山女儿茶、莲子彩绘、桃木制品、宣纸烙画、泰山泥塑、水浒文化、运河文化、佛教文化、东平渔鼓、汶河大鼓、肥城唢呐、宁阳木偶人等一系列特色文化品牌②，并在泰安市博物院——岱庙这样国内外品牌知名度高、游客众多的地方定期展出，在国内外能产生较大影响。再如，山东省博物馆的"馆藏年画进校园"活动很好地实现了艺术风格与文化内涵的完美结合，将这一非物质文化遗产通过宣讲、展示和亲手制作等方式介绍给大中学生，很好地保存延续了民俗活动的文化记忆。

第二节　媒体融合视域下的城市文化传播

媒体融合是基于信息技术创新和社会话语重组的一场深刻变革，它

① 参见[英]沙伦·麦克唐纳:《博物馆:民族、后民族和跨文化认同》，尹庆红译，《马克思主义美学研究》2010年第2期。

② 参见赵红、赵君香:《关于进一步促进泰安市文化产业发展的思考》，2015年4月8日《中国经济时报》。

打破了过去媒体实现信息传播、体现自身价值的边界。对于城市文化传播而言,媒体融合创造了新的手段、环境,中外各种案例都拓展了城市文化传播的内涵。加强对本国传统文化精髓、城市新文化的提炼与传播,建构起更加符合时代要求的文化传播体系,在各个国家都备受重视。

一、媒体融合视域下的城市文化

广义上讲,城市文化是城市人群生存状况、行为方式、精神特征及城市风貌的总体表现,是市民在长期的生活过程中,共同创造的、具有城市特点的文化模式,是城市生活环境、生活方式和生活习俗的总和。本书选取以下与媒体传播紧密联系的城市文化类型进行案例分析,探索城市文化传播在媒体融合时代的新发展。

(一)城市视觉文化

外在形象是一个城市的门面,包含着建筑、色彩、景观、户外广告、交通标识等一系列视觉元素。好的城市形象追求城市空间的视觉节奏和视觉秩序。在媒体融合时代,视觉传播汇聚城市中所有有形的图像即图画、雕塑、设计以及光学影像,通过先进的传播技术,更能营造出城市独特的视觉文化。

(二)城市传统文化

世界上任何一座城市文化,都是由世世代代的思想家、伟人的意志与普通居民的思考方式及生活形态积淀而成。文化内涵和形象的综合体集中体现着城市的精神和文化价值,是地区文化软实力的核心。每座城市都有自己独特的历史脉络和城市文化。深度挖掘和传承传统文化中的思想精髓,通过立体化的新媒体传播体系,将传播分众化,以实现更佳的传播效果,使城市文化传播始终贯穿着传统文化的印迹与思想脉络。

(三)城市品牌文化

城市品牌构建要能够体现城市战略发展方向和城市建设目标,从形象、文化、风格三个方面重点进行城市品牌建构;同时,利用传统及现代媒体进行城市宣传,向社会准确和清晰地传递城市形象,形成与其他城市鲜明的区隔和差异化优势。

(四)城市创意文化

英国学者查尔斯·兰德利在《创意城市》一书中,将文化资源作为创

意城市的力量、城市的原料及价值基础。文化资源体现在民族的历史、习俗与昔日的知识中，并通过将构想化为实际可行的方案来发挥价值。在城市文化传播中，创意文化体现着城市的现代化程度。当前，以新媒体综合应用为特点的公共视觉平台和移动通信设备为代表的微传播工具成为新的文化载体。

二、媒体融合助力城市文化传播的案例

（一）利用经典传播理论，增强文化传播力

经典传播理论在媒体融合时代有了新的发展，例如议程设置理论是传播学的重要理论。唐纳德·肖认为，理解了媒体服务社会的机制，可以为媒体提出服务政府和公民的建议。他精辟地指出："媒体不只是报道社区，媒体即社区。当我们集体离开村庄，来到城市，我们便进入了一个多样和复杂的社会，我们必须依靠许多的媒体平台作为中介来了解复杂的现实。"①在媒体融合时代，需要在公共社区与个人选择中作出平衡。在美国，媒体的变革已经颠覆了传统"工业时代"的媒体机构，媒体变得个人化、移动化、有参与性和无处不在。三大数字革命改变了新闻和信息环境，社交网络和社交媒体已经成为许多美国人获取新闻的主要渠道。中国的社交媒体同样在传播信息、影响他人态度、实现网络议程设置、进行文化传播等方面势头猛进，甚至开始超过和引领传统媒体。从发展后的议程设置理论出发，在媒体融合视域下的城市文化传播将会有新的思路，利用社交媒体、移动媒体传播城市文化的成功案例的数量急剧增长。

随着媒介融合和移动多媒体的广泛应用，视觉艺术由传统形态上的实体化、静态化、单向化，开始逐渐向虚拟化、动态化、交互化方向转变。从宏观角度看，视觉传播汇聚所有有形的图像，通过先进的传播技术，更能营造出独特的视觉文化氛围，增强视觉意象的个性化以及城市的辨识度，带动城市创意产业发展。从微观角度看，媒介融合将推动数字科技的跨界应用与互动的体验方式；各种传播渠道打通后，视觉语言从模仿、记录走向观念思想表达和意义建构。

---

① 转引自周树华、张雪莹：《网络议程设置、导向需求和议程熔合：三巨头畅谈议程设置理论》，http://www.docin.com/p-1540036445.html。

（二）以传统文化为根，促进文化传承

20世纪著名的城市研究学者刘易斯·芒福德在对历代城市发展及城市规划进行系统批评的过程中，探究了早期报纸和社区交往、大众传媒与城市生活塑造、公共空间、社会控制、群体文化之间的关系，以及城市传播与集体记忆、社会交往、文明生活之间的关系。城市是经过一代又一代人的创造与努力，凝结成我们现在所看到的一条条老街、一个个生活场景。媒体融合注重纳入现代科技手段以丰富自身表现力以及拓展对象和领域范围。每一座城市，都有自己的生命，城市的街区、建筑、交通运输工具、电子移动设备等空间环境都是特殊的城市文化传播载体。

大型情景体验剧《又见平遥》是山西省由能源大省向文化大省转型的重要旅游发展项目之一，其剧情立意于“文化传承者与传播者”，化身一座“诚信”道场，通过诉说一段血脉传奇，挖掘蕴含其中的厚重的晋商精神与中华民族传统文化之精髓，最后升华到中华民族的“民族情”与“民族义”，使演出的视点更高、胸襟更广，是对文化与景点的完美整合，使人文和品牌相映生辉。剧情中的视觉符号极具当地文化底蕴：为表现山西“面文化”的细节，创作人员尝试用尚未塑形的面粉营造出氤氲弥漫的面文化氛围，强调了艺术表现形式，实现了艺术的升华。这样的视觉内容依托于当地文化内生动力进行创作，既能实现文化认同，又能传播优秀的民族艺术，具有很强的产业生命力。

（三）发展文化创意产业，结合现代媒体打造城市品牌

当资源竞争成为城市增长的基础手段，城市的增长更多地表现为品牌增长的时候，城市精神和文化的传承也就成为一种传播，传播的话题也在丰富着城市品牌给人的印象。例如，芝加哥以“风城”等雅号闻名美国。最具美国特质的繁华都会，设计优良的城市景观，密集林立各有特色的摩天大楼和以城市地标“云门”为代表的公共艺术作品，是领略美国现代城市精华的好地方。图像是当代城市文化的必要组成部分，影响着当代个体如何构建他们周围的世界。例如，美国城市户外广告布满了大街小巷，成为美国的一种特色文化。媒体技术的发展使设计和传播方式更具效果，作为高科技代表的影像装置的使用具有象征意义，例如美国纽约时代广场无数大屏幕不断闪现的色彩和周围作品交相辉映，是对这座世界之

都最具现代感的文化阐释。公共空间的媒体融合影像广告标志着一个城市的经济活力、城市活力和人们的活力，富含创意的媒介融合设计极大增强了城市文化传播力。

文化创意还表现为文化艺术性的思维和设计，例如“我爱纽约”城市品牌塑造活动。在纽约街头行走，会从路人的 T 恤衫、书报亭的杂志封面和超市的墙上看到“I love NY”这条宣传语。《纽约时报》《纽约客》都是世界闻名的杂志，多采用以纽约为题材或者背景的歌曲、电影，颇具深入人心的城市品牌文化传播力量。洛杉矶、奥兰多等地也充分利用高科技发展文化创意产业，积极拓展数字业务，将其深厚的内容制作背景与文化创意功力完美结合，为其城市形象、城市文化增光添彩。

(四)充分发挥博物馆、美术馆等城市文化载体的作用

将文化创意产业园区、主题公园、博物馆、美术馆等公共文化艺术场馆等城市创意空间作为文化标志，可以充分展示城市制度文明演变的完整历史构造带和文化剖面图，让人真切感受、体验城市文化生态。在错综复杂的当代社会，科学知识与文化艺术传播能力是衡量一个城市艺术场馆设计的重要指标。欧美国家不但大城市有博物馆，小城镇也都有自己的博物馆，成为文艺的、公众聚集的“社区文化中心”，博物馆实现了平民化。青少年在这里长大，融入到日常生活中，文化变成新一代的基因。此外，互联网彻底改变了人们与物的关系、人们与物对话的方式。现在走进博物馆，用手机扫描一下二维码，它所承载的历史、文化信息一下子就呈现在了观众面前。今后，国内博物馆要增强受众的媒介体验感，强调文化艺术品的创意布展，将馆藏文物的历史文化和艺术价值与现代产品设计理念有机结合起来，积极承办与文化艺术场馆相关的社会活动，注重文化艺术场馆旅游与文化创意产业的融合发展；建设数字场馆和虚拟场馆，拓展文化空间和传播渠道；发展博物馆网络游戏产业，力争打造世界瞩目的中国视觉公共艺术文化品牌。

城市的和谐在于给不同的生活方式以存在的空间，给不同的价值观、审美观以充分的尊重。城市文化渗透体现在城市发展的方方面面。在媒体融合环境下，只有尊重城市文化的多样性，又打破地区区隔，才能实现国际城市之间的文化交融。

第三节 齐鲁文化传播与山东城市品牌建设

伴随着全球化进程的日益深入,文化及文化产业成为理解“全球化”的一个基本维度。一些发达国家率先提出“文化走向国家发展政策的中心”的理念。发展应放在人类整个文明和文化框架内来考虑,“发展最终可以用文化概念来界定”的观点逐渐获得广泛共识。齐鲁文化是先秦时期在山东省境内形成和发展的一种地域文化。齐鲁文化进入秦汉以后,在政治大一统的背景下,逐渐由地域文化演变为一种官方文化和主流文化,呈现出兼容并蓄、刚健有为、积极进取的精神,并以自身的不断交融、创新、升华,推动了中华文化的传承与发展。[①] 齐鲁文化传播在山东城市品牌建设中的作用随着城市化、文化产业的发展日趋彰显重要作用。

一、齐鲁文化底蕴是山东城市文化品牌建设的先决条件

(一)齐鲁文化概况

长期以来,齐鲁大地经济社会发展深深打上了齐鲁文化的烙印。“一山一水一圣人”,“泰山在这里崛起,黄河在这里入海,孔子在这里诞生”,这些表述概括了齐鲁文化的历史地位和重要的贡献。以儒学为核心的儒家文化为例,其积极作用主要表现在它塑造了优秀的齐鲁文化精神和众趋人格。传统文化是人的一种习惯,一种生活样法;它一旦生成,就会被模式化、固定化,变成人的生存环境和社会资源。传统文化通过社会化和内化等方式而逐渐渗透到人的心理结构之内,决定个人的思想、态度和行动。齐鲁文化的精神内涵及特点主要有:(1)兼容并蓄,胸襟博大。齐鲁文化从其来源上讲就是多源的,这就决定了齐鲁文化具有开放性和包容性,并表现出了兼容并蓄的博大胸襟。(2)刚健有为,积极进取。在齐、鲁两国,无论是政治家还是思想家,都表现出了刚健有为和积极进取的文化品格,这是齐鲁文化的一个重要精神。在《易传》中,“刚健”和“自强”的观念十分清晰。齐鲁两国人民的积极进取也是齐鲁文化得以不断丰富和发

---

① 参见山东省社科联齐鲁文化研究中心:《略论齐鲁文化的脉络、特质与影响》,http://www.qlwh.sdnu.edu.cn/news.asp? id=798,2009 年 12 月 23 日。

展的不竭动力源泉。(3)富于人文关怀和人道精神。春秋战国时期是中国历史上一个重要的过渡阶段，社会各领域都处于新旧交替的状态，人文理念逐渐打破了传统宗教意识的垄断地位。人文理念受到重视意味着对人道精神的张扬。在这样的情势下，人的因素受到空前的重视，并大大超越了对于鬼神的虔敬。于是，人的价值受到尊重，人的权利和尊严也得到维护。(4)崇德重法，德法兼顾。齐、鲁两国崇德重法，德法兼顾应该说是一个非常突出的思想观念。无论是思想家的系统论述，还是政治家的施政实践，对处理德治与法治的关系问题，人们都有十分明确和清醒的认识。

（二）城市品牌建设

城市品牌是一座城市实力的展现，也是城市魅力的外化形式。打造、维护、宣传一座城市的品牌，将其品牌效应发挥到极致，是当代城市建设和城市竞争的主要目标。① 应对城市整体品牌的核心价值进行定位，向社会准确和清晰地传递城市形象，形成与其他城市鲜明的区隔和差异化优势。党的十八大把新型城镇化建设作为国家发展战略任务提出。新型城镇化道路建设，应以民生为本，文化为魂，发展为基。它不仅是经济发展和基础设施的城镇化，更是居民的精神家园和生态优美的生活家园。没有考虑到文化传承的城镇化，一定会发生乡土与传统文化、地域文化的断裂。区域文化品牌是一个地区文化内涵和形象的综合体，集中体现着这个地区的精神和文化价值，是地区文化软实力的核心。文化品牌在很大程度上展示着这个地区的文明程度以及人们的精气神。因此，打造区域文化品牌的过程，就是进行文化教育、传承文明、凝聚精神力量的过程，对于提高人们的文化素质，增强区域的认同感、归属感和自信心具有重要影响。区域文化品牌对区域文化的发展起着重要的龙头引领作用、传播推介作用、价值提升作用。

（三）齐鲁文化：山东城市建设之魂

当前，全球城市竞争日益激烈，城市品牌影响力越来越受关注，而城

---

①　参见陈宇飞：《文化城市图景：当代中国城市化进程中的文化问题研究》，文化艺术出版社 2012 年版，第 223 页。

市建设和城市品牌塑造,都需要把不断提升城市的文化品位当作核心任务。就山东而言,城市的文化特色、城市居民的性格都在一定程度上受到齐鲁文化的影响,可以说齐鲁文化是山东城市品牌的灵魂。

美国学者在关注大众传播媒介形式变化的问题时,更是把大众传播对社会价值观的影响及其机制问题,视为信息时代大众传播面临的主要问题。国内有关的研究成果也充分说明,大众传播媒介的内容体系对社会舆论和观念具有建构和重塑作用:社会规范、惯例、利益等诸多方面被大众传播媒介从业者内化为价值取向,文化产业对社会核心价值体系具有构建、扩散、创新和整合作用,文化产业对社会价值观具有导向作用。另外,学术界对媒介文化的研究指出,媒介文化对人类社会最大的冲击不仅是文化的,而且还是价值观和社会方式的,其渗透性、穿透性表现在对人们传统价值观的颠覆与重构上。

长期以来,齐鲁大地经济社会发展深深打上了齐鲁文化的烙印。儒家伦理以仁义为核心,推崇"重义轻利""修己安人""仁民爱物""厚德载物",讲究"忠恕"之道。在儒家仁德思想的指导下,山东人喜欢讲情义,本性仁厚,富有牺牲精神。在"孔颜人格精神"及孟子倡导的"大丈夫气概"的感召下,在儒家节俭伦理、实用理性和"忠孝"理念的陶铸下,山东人树立了特别耐苦、特别勇敢、特别务实的人格形象,养成了忠实厚道、豪爽豁达、勤俭朴实、忠诚爱国等品质。① 这些理念影响着山东特别是山东内地城市的居民气质,城市品牌建设相对内敛,在推广城市自身方面不似南方开放城市那般自信张扬,更给人踏实、可信而厚重的印象。齐鲁文化传播的深度与广度势必影响着齐鲁大地城市品牌的塑造与文化价值观的发展。

二、齐鲁文化传播在山东城市发展中存在的问题和困境

(一)国际化背景下的城市化发展面临价值体系多元挑战

20世纪下半叶以来,全球化进程不断加速,世界各民族文化在全球范围内发生了更为广泛的交流、碰撞和融合;与此同时,随着高铁、航班的

---

① 参见山东省社科联齐鲁文化研究中心:《略论齐鲁文化的脉络、特质与影响》,http://www.qlwh.sdnu.edu.cn/news.asp? id=798,2009年12月23日。

日趋密集，国内各城市间人员交流往来、工作旅游等流动加快，文化融汇渐渐消减了地域文化的强势作用。面对既要加快文化产业发展，又要推进民族文化、地域文化价值体系建设的现实情况，对大众传播媒介的价值导向问题予以审视和思考具有重要意义。在经济、文化、政治全球化以及现代通信技术实现跨地域传播的背景下，中国社会出现多元价值观并存的局面。大众传播媒介领域出现价值目标模糊化和价值标准功利化的现象，致使某些大众传播媒介内容的价值引导作用弱化、滞后甚至产生负面影响；甚至有人认为西方文化是一种强势文化，民族文化和地域文化将会被逐渐淘汰。还有一种观点认为，在世界范围内不同地域或民族的文化，在与外域文化交流过程中逐步达到文化认同和价值认同的程度，其结果是在普遍的价值认同基础上消减了文化的地域性，从而形成一种世界的一般文化。中国文化的未来发展既要与源远流长的本国传统文化相承继、相接续，又要合理地采撷西方文化的现代性与后现代成果。在这样的背景下，齐鲁文化作为地域文化，又作为中华民族文化的主流文化，如何充分利用文化多样性的兴起和发展这一条件，在面对多元文化冲击和挑战中突出自己的特质，在保持传统价值的同时，深入城市居民内心并体现优势与特色，实现现代文化相调和，是齐鲁文化传播的一项重要议题。

（二）齐鲁文化的普及和认可度降低

山东的优势文化资源主要由孔子文化、泰山文化为代表的历史文化，沂蒙精神为代表的红色文化，潍坊、淄博等地的民俗文化以及青岛、烟台、威海、日照等城市的现代滨海文化构成。如此深厚的文化积淀和如此丰富的文化资源集于一省，是我们打造齐鲁文化品牌、建设文化强省的优势和潜力。[①] 齐鲁文化滋养着山东大地，儒家的思想、道德、伦理观念深深渗透到群体文化心理中，潜移默化地塑造着地域文化人格。在民间、在老百姓的内心深处，儒学的价值持久地发挥着光芒，中国人的伦理观念，今天仍然受到传统儒家伦理的深刻影响；但是“百姓日用而不自知”的儒学，会受到不同时代环境的影响，有时不能顺畅地表达出来，有时甚至会被扭

① 参见刘文俭：《打造齐鲁文化品牌的对策研究》，《山东社会科学》2010 年第 8 期。

曲。[①] 受经济利益的诱惑、消费主义文化的影响，现实生活中还出现了恶搞传统文化的不良风气，造成道德教育养料的不断流失，降低了齐鲁文化的普及度和认可度。

（三）齐鲁文化传播方式陈旧

人类历史的每一次传播技术革新，都会增加新的传播媒介，这些媒介的功能在于为传播内容与受众建立起更为方便的联系方式。大数据技术正在对今天的传播业形成冲击，它在一定程度上将对现有的内容生产的模式与机制产生影响。同时，移动化是媒介融合的新战略，并且移动终端也是传媒技术发展的一大趋势。山东在传播齐鲁文化中曾作过很好的探索，如通过热播影视剧《沂蒙六姐妹》《闯关东》等，将齐鲁文化中的“忠孝两全”“刚健有为”“积极进取”阐释得淋漓尽致，并向全国推广了齐鲁文化，宣传了山东人形象。但相比“文化湘军”“幸福江苏”等电视界一线省份而言，齐鲁文化的传播阵地并没有太突出。比如，强有力的网站、微博、移动网络中的微信等等都较少见齐鲁文化的知名之作和知名网站。

（四）齐鲁文化传播受众的窄化

随着全球化时代的到来和媒体环境的日益开放，社会宽容度越来越高，新一代青少年在成长过程中应用着信息时代多样化的新兴媒体，也不可避免地产生多元价值观。这一方面是社会进步的体现，但同时也冲击着齐鲁文化面向新一代受众的传播效果。如何对“90后”“00后”进行齐鲁文化的传播也是当前一项重要的议题。作为“孔孟之乡、礼仪之邦”的青少年一代，对儒家、道家等齐鲁文化核心内容的了解并不多，全社会并没有高度重视对齐鲁文化的传播，各城市规划者也没有将齐鲁文化的精髓理念融入城市建设中。相比于亚洲其他国家比如韩国、新加坡对青少年传统文化的普及教育，我国城市中博物馆、文化馆对本地民俗文化的展示和传承做得远远不够。传统文化如果出现断裂，新一代的价值体系建设将面临很大困境。

三、新时期齐鲁文化传播融入城市品牌建设的对策

新时期，齐鲁文化传播如何对城市品牌建设发挥强有力的作用？首

---

① 参见陈来：《新儒家之后：儒学何为》，2013年12月22日《人民日报》。

先，应当通过建立多层次、多取向的观体系，创建包括传统与现代、社会与自然、东方与西方、群体和个体等多方面相统一的生态文化价值系统；其次，深度挖掘和传承齐鲁文化中的精髓思想，通过立体化的媒介融合传播体系，实现更佳的传播效果，从而使得山东城市文化品牌建设中始终贯穿着齐鲁文化的印迹与思想脉络。

（一）传播者的齐鲁文化价值导向

齐鲁文化的核心价值体系需要打通主流意识形态与民间伦理规范的现实通路，表现出建构路径的通识性和包容性；大众传播媒介的价值导向对于齐鲁文化的传播具有重要作用，并决定着一个地区在政治、经济、文化等诸多方面的长远发展。文化大发展、大繁荣需要全民族的文化自觉，但不能纯粹靠文化的自发发展。大众传播媒介从业者应树立文化自觉的价值取向。山东的网络媒体和传统纸媒以及广电媒体应携手并进，共同打造讲道德、讲诚信、讲和谐、讲齐鲁文化理念的良好社会环境。同时，各级领导干部都要重视和用好本地的齐鲁文化历史资源，大力提升本地齐鲁文化遗产的历史品位。

比如，青岛市南区在美术、摄影、文学、戏剧、电视剧创作及动漫产业发展方面屡次摘得全国桂冠，个别门类位于全国前列，优势明显；以此为重点，发展创新文化，建设特色文化精品以及和旅游相关的文艺生产基地，是明智的选择。在实施时，应与土地文化和旅游特色相结合，更好地发挥齐鲁文化传承和现代产业的共享性。① 再如，“江北水城·运河古都”是聊城近年来持续打造的城市品牌，其定位于江北水城，目的是突出聊城的水城特色；而定位于“运河古都”，目的则是彰显聊城深厚的历史文化底蕴。

（二）齐鲁文化思想的挖掘与弘扬

在城镇化建设进程中，人们往往关注外显的城市形象，却忽略城市内在的精神。中国传统文化中诸多优秀的思想，对社会主义核心价值体系的建设起到重要的推动作用。如充分挖掘并弘扬传统文化中的“重义忘

---

① 参见朱海：《关于着力打造青岛市南区城区文化品牌案》，中国城市发展网，http：//www.chinacity.org.cn/cspp/csal/76561.html，2011 年 10 月 17 日。

利”的思想,对于当今存在的拜金主义、利己主义导致的不正之风将是有力的回击。又如“贵和谐,尚中道”作为中国文化的基本精神之一,也在中华民族的发展过程中起过十分重要的作用;在城镇化建设中,越来越冷漠的城市居民格外需要弘扬这种精神,以广阔的胸襟、海纳百川的气概,容纳各类城市新居民,容纳不同群体的意见,以促进新城市和谐发展的秩序。

另外,还应大力提升城市文化遗产的历史品位。齐鲁文化是提升城市品牌取之不尽的资源,应着力开发它的历史价值,增强市民的光荣感、自豪感,从而实现齐鲁文化传播的最佳效果。如泰安市充分发挥泰山及大汶口文化,在与文化创意产业结合中“大做文章”,新开发的“太阳部落”将大汶口文化融入参与式体验活动之中,吸引了众多青少年了解大汶口文化。泰山的“封禅大典”表演、泰山区的“老县衙”等项目,也将历史文化融入其中,既开发了当地的文化遗产,传承了文化精神,又很好地发展了文化产业。对历史文化的传承,更重要的是古为今用,在开发利用中加以保护,在市场交流中加以传承,创造齐鲁文化与城市市场经济结合的契机点,以利于提升城市的历史品位,丰富城市的文化生活。

(三)齐鲁文化传播的立体化渠道

目前,国家层面已经认识到新媒体的巨大作用,提出要高度重视新媒体发展。大力推动传统媒体与新媒体的融合发展,使报纸、广播、电视台等在巩固好、发展好传统业务的基础上,加快数字化、网络化、移动化转型步伐,不断拓展传播领域、创新传播业态,延伸传播链条,抢占发展主动权。鼓励支持国有资本进入新媒体,做强重点新闻网站,形成一批在国内外有较强影响力的综合性网站和特色网站。齐鲁文化传播也应积极探索新媒体渠道,与传统纸媒、电台、影视等传统媒体联手,打造齐鲁文化传播的立体化体系,增强覆盖面。

在城市传播中,齐鲁文化进入了创意的“大产业”发展阶段。新媒体往往集视觉、听觉、触觉等多种感官于一体,以更加迅速、便捷、立体化、丰富的方式展现城市形象,传播城市文化和风格。如,会展业、设计业、动漫行业都对城市品牌传播起到重要的作用。又如,用城市微电影这一崭新的传播载体包装城市形象和营销城市品牌,代表了互联网时代新的传播

方式和新的视听样式的“异军突起”，它既唤醒了许多有关城市的文化记忆，更催生了许多有关城市的创意灵感。这需要我们从中获取灵感，更好地发挥文化引领作用。

文化是历史的主线、民族的血脉、人民的精神家园。中国传统文化博大精深，源远流长，优秀文化传承实质上是民族文化基本精神的具体表现。今天的城市发展，应该更加注重通过文化为发展提供核心动力，注重以文化作为城市规划的定位基准，注重以文化的理念和方式经营城市，以文化凝聚人心、浸润人心，进而构筑城市的内在精神和外在气质。要避免城镇的同质化发展，依托本区域的文化历史、地貌风格特色来建构、培养城市品牌，并利用传统及现代媒体进行城市形象宣传、城市品牌营销、城市文化传播，进而更好地促进城市发展。

要大力提升城市居民的精神品位。城市品牌不只取决于硬件，还包括了城市居民的精神风貌、道德品质、行为举止、文化素养等活的因素，这对城市的形象影响很大。所以，城市品牌创造要把“文明”和“野蛮”作为进步的分野，把精神文明放在建设的首位，培育核心价值观，振奋民众精神，树立新的道德风尚，倡导包容、文明、礼貌、助人为乐的行为，完善全民终身教育体系，创建读书之都，建设书香城市；通过电台、电视台的齐鲁文化经典诵读等活动，提升居民文明素质和对齐鲁文化的深度理解。

总之，致力于弘扬齐鲁文化精华，发挥其精神动力、思想支柱和文化规范作用，与时俱进，推陈出新，进行山东城市品牌建设，将更好地促进山东的城镇化发展进程。在“互联网＋”时代，政府服务转型与治理应与城市精神传播相结合，要善于利用网络语言主导舆论格局，建立与群众共同的话语体系。今后，城市传播依托单一的内容和表现形式是难以为继的，通过网络平台，融合多渠道、多方式、多内容和多地域的传播，是今后城市宣传方面值得实践的一条绝佳之路。

第六章　博物馆与大众传播

第一节　博物馆中的大众传播媒介应用

根据传播学的“议程设置”理论，大众媒介或许无法有力控制人们的态度与信念，但是媒介却为人们提供了一个议程(agenda)——很多时候，媒介也许在告诉人们“怎样想”方面不大成功，但在告诉读者去“想什么”方面却惊人地成功。这是大众媒介中的艺术评论、博物馆艺术展览宣传策略、受众参观后在社交媒体上的观点呈现、文艺副刊上展览信息、自媒体对这个群体的聚合(与媒介的互动)等共同发挥艺术传播作用的理论支撑。

一、博物馆与大众传播的关系

艾琳·格林希尔在《信息传递的理论和实践》一文中讨论了博物馆展览与大众传播的区别，将其归结为交流方式的区别：“博物馆存在许多与大多数大众传媒相同的特征，但是又比它们更多了一些面对面交流的机会。博物馆是幸运的，它可以以各种手段布置展览，改变了一般大众传媒的刻板。”

(一)艺术博物馆传播与大众传播的联系

1.历史演变

当前，大众对艺术的需求越来越强，在艺术博物馆里学习成为一个竞争性的舞台。许多人，包括许多艺术家、博物馆专业人士、心理学家和教育者，都将艺术博物馆作为一种情感享受的东西，同时他们都设想把这种

享受与有关艺术的信息直接对立起来。国外一些专家也提出，艺术能够帮助人们了解别人的思想，博物馆更是应该创造沟通的平台，引导观众走出自我、理解他人，培养同理心和全球理解力，这样才能创造更美好的世界。艺术博物馆可以将观众引入策展之中，让更多不同的声音、不同的文化进入策展环节，展览会得到更好的诠释。艺术博物馆传播内容有显性的智识层面的信息，更重要的是隐性的艺术体验和思考内容。受众越来越需要参与到艺术博物馆的价值对话中，并且将看展、去艺术博物馆参加活动发展成为一种社交模式。

2.媒介角色

当代社会媒介可以是艺术的创作对象，也可以作为传播艺术品的载体。展览需要经常更替并可以通过多种方式呈现，这样才能为博物馆带来活力与朝气。展览不仅呈现有艺术作品，也有很多装置，为参观者提供听觉和嗅觉体验，实现艺术通感的传播效果。关于博物馆与当代艺术的连接，也逐渐成为很多业内人士的关注点。传统艺术博物馆纷纷扩建，就是为了打破传统展厅“白立方”空间以适应当代艺术的多媒介化。在当代艺术的语境下，博物馆的传播职能也包括了让当代艺术较好地融入社区和生活；而数字时代则要求艺术博物馆以全新的媒介角色、传播方式回应受众的期望和诉求。

3.民主性

艺术博物馆从精英场所向“文化民主性”过渡，继而实现了城市文化、国度文化的全球传播，而大众传播及其媒介在助力艺术博物馆实现此目标的过程中非常重要。互联网的使命是“免费、开放、共享”，艺术博物馆的未来发展也将是实现公共性。在2016年12月“参与交融——中美艺术博物馆公共教育国际会议”上，美国大都会艺术博物馆教育部主任桑德拉·杰克逊·杜蒙特提到，要使博物馆变得不可抗拒，唯有和人们的生活息息相关才行。“博物馆要去关注那些人们不得不面对的事情，即便是负面的、消极的事情。有时生活不是完美的，艺术也一样。博物馆并不是一个脱离现实世界的机构，博物馆要做的是提供一个思考的平台，激起更多讨论，让更多人的声音被听到。聚焦当下公众关心的事情、关注社会的不平等，才能获得观众的信赖与关注。”①

4. 教育互动

人们通过参观博物馆能学到什么？人们在艺术博物馆里学到的东西在多大程度上相当于博物馆的专业人员想让他们学到的呢？那些在博物馆里起到阐释作用的媒介（标签、手册、旅游图）能够清晰地表达出博物馆专业人员想让参观者在博物馆中学习到的东西吗？有关艺术家们的生平、媒介与技术以及艺术史核心的知识等信息，参观者必须要掌握才能欣赏艺术吗？这都是博物馆人需要思考的问题。

5. 科技性

2016 年 5 月，《未来博物馆趋势报告》中显示，随着技术的提升与创新，博物馆除了展览，还将成为尖端科技的“孵化器”。科技这一媒介是为提供真实世界的专家注入力量的一个平台，其中包括策展人、艺术史家，也包括想要向全世界的公众展示作品的艺术家。这并不是为了科技的目的来应用科技，而是让受众更加靠近艺术，去经历、理解、享受甚至畏惧于艺术的力量。

（二）艺术传播与大众传播的区别

从传播要素来看，大众传播是一种信息共享活动，同时又是一种社会关系的体现，是一种行为过程和系统。艺术传播是借助于一定的物质媒介和传播方式，将艺术信息或作品传递给接受者的过程，其中展览性传播方式（比如博物馆展览、博览会等）和大众传播方式（影视、报刊、网络等）都是艺术传播的路径。艺术接受即在传播的基础上，以艺术作品为对象、以鉴赏者为主体，积极能动的消费、鉴赏和批评活动。艺术传播与大众传播的本质区别在于传播的目的，大众传播注重信息传达，而艺术传播则注重价值对话和分享（建立价值共同体）、情感感染、启迪和共鸣。

从传播媒介来看，黄光南在《博物馆新视觉》一书中认为：“博物馆作为媒体作用具有两个特色：首先博物馆在本质上是一个观众与博物馆艺术品相遇的场合；所有的博物馆都是为来看、来沉思、来发掘、来自我充

① 转引自李冬阳编：《中美博物馆公共教育对比：创新与人才是关键》，http://www.ce.cn/culture/gd/201612/12/t20161212_18606443.shtml。

实——也就是说为来接触博物馆物品的观众所设立的。其次，展览是博物馆身为媒体的执行手段；借由组织一个促进相遇的空间，展览允许了、也同时规范着作品与观众之间的关系。”①博物馆依靠其他媒体的作用体现在站在公众利益的立场上传达资讯和新闻，期待与媒体的充分协调与合作，共同促进社会发展。门户网站、微信、微博、APP 等新媒体平台的出现，能够充分发挥网络平台的及时性、开放性和交互性作用，及时发布展览信息、公布藏品信息并通过新媒体平台与观众进行网络互动，使观众能够与展馆实现实时的“零距离”接触，帮助博物馆突破过去的文化传播方式：不仅通过展示藏品、组织活动来展示文化，更能够通过灵活运用传播速度更迅捷、覆盖范围更广阔的新媒体信息技术来发挥文化传承的功能。艺术博物馆的大众传播借助于大众传播手段实现审美的生活化，艺术概念和传播手段发生了变化。

从传播效果来看，艺术传播和欣赏艺术都要求专注而投入，和大多数大众文化形式带来的一时满足有着天壤之别。让观者做到专注而投入是博物馆营造艺术传播氛围时应该做到的。另外，大众可以通过参观博物馆不断发现自我、深化自身的内涵。比如，大都会个中历程是西方文明从更广阔的时间和空间维度欣赏自身、深化内涵的写照。而大众传播并不一定有这样精细的要求，它往往追求的是受众的覆盖面和广泛度。

二、媒介融合视域下的国外博物馆案例

当下信息网络时代，无论是古老的艺术博物馆，还是近年新建的现代艺术博物馆，都积极融合互联网手段，在网站建设、高科技运用、线上服务＋线下体验、移动互联网的传播运用等方面深层实践，构建立体的艺术博物馆服务和传播体系。其中，视觉环境发生了巨大变化。

（一）运用网站新技术实现虚拟艺术博物馆的新功能

虚拟博物馆有的是基于博物馆现实装置的网上展示；有的则只包括网上显示的展品或影像，而不是现实博物馆的组成部分。前者以世界四大博物馆中最大的法国巴黎卢浮宫为例。在打开卢浮宫官方网页并下载指定的播放器之后，观众就可以在网上完成一次虚拟参观，自由穿行于东

---

① 黄光男：《博物馆新视觉》，文化艺术出版社 2011 年版，第 193 页。

方、古埃及、古罗马和希腊艺术、绘画、雕刻、素描、工艺美术七大部门。值得一提的是,卢浮宫博物馆在网上发布了关于该馆上千件重要藏品的详细背景资料,这是实地参观博物馆的观众所无法看到的信息。网站为其他三万件藏品提供了简单的介绍文字,和博物馆中相同作品标示牌上的内容完全一样;通过虚拟参观,参观者能够获得跟实地考察一样的图文信息。该网站为准备去巴黎实地参观卢浮宫博物馆的人提供了三维互动地图并帮助他们制定参观路线;对于艺术书店、多媒体图书馆、小剧场等实体博物馆里提供的文化聚会场所,虚拟博物馆也可以尝试用网络社区和电子商务等形式呈现。

2016 年 5 月 7 日,“敦煌莫高窟:中国丝绸之路上的佛教艺术”在洛杉矶盖蒂艺术中心向观众开放,此次展览是北美甚至是全球范围内规模空前的敦煌艺术盛宴。盖蒂中心以 3D 虚拟实境技术“重建”敦煌:在两个多媒体展厅内呈现了 3 座以原比例复制洞窟的全景投影,以及特别为展览制作的 3D 虚拟洞窟实境影像。这种多维度的陈列方式让观众得以身临其境般体验石窟壁画、雕塑艺术的原貌,同时以创新形式展现了出土文物的原境。此外,观众还可以通过全景投影领略到敦煌莫高窟的全貌,戴上 3D 眼镜可体验到第 45 窟内部的立体影像——这种 3D 技术是首次在博物馆展览中加以运用。

(二)艺术博物馆的传统语音导览与互联网新技术的融合

国外艺术博物馆里的语音导览是必备的传播工具,往往有多国语言供选择。笔者游历参观美国、法国、荷兰、德国、新加坡等地的艺术博物馆时租用的语音导览大致有三种形式:一是按照地板上的展品号码来感应相应语音,如新加坡历史文化博物馆;二是展览品旁边文字介绍上有数字标号,由参观者自行在导览器上选择按钮听取该展品的介绍,导览器上显示该展品画面,听完基本介绍后还可以选择扩展资源,如法国巴黎奥赛国立美术馆和美国华盛顿国家美术馆;三是参观者每进入一个展厅,将语音导览器在入门的地方刷新一下,就可以整体听取该展厅的介绍了,如荷兰阿姆斯特丹的大皇宫、梵高博物馆和德国新天鹅堡等游人较多的展馆。这些语音介绍综合了展览品的风格分析、作者介绍和创作背景。听着语音,驻足观看展品,沉浸于艺术情境中,会给受众带来丰富的视听觉信息

和艺术享受，审美效果更强。梵高博物馆的语音内容融合梵高自述其创作灵感和理念的大量书信内容，配着语音讲解和背景资料，把梵高在荷兰的生活环境和对农民的描绘、自画像的灰调子到加入少量色彩再到大胆用色的画风发展过程逐步展现开来，让参观者渐渐走入艺术家内心深处，触碰到他热烈纯真的艺术精神。

（三）以谷歌艺术计划（Google Art Project）为代表的文化资源数字化

文化资源数字化是指将图书馆、博物馆、档案馆、美术馆、文化馆、非物质文化遗产管理机构等文化服务机构相对分散的、异构的馆藏数字资源进行聚类、融合、重组从而实现资源“一站式”查找与获取。2011 年2 月1 日起，搜索引擎巨头谷歌宣布其“艺术计划”（Art Project）正式上线。通过使用“街景视图”的技术，可以使网民徜徉在众多世界顶级艺术机构里，这其中包括美国大都会博物馆、纽约现代艺术博物馆，英国泰特美术馆等。用户可以按照艺术家姓名、艺术作品、艺术类型、博物馆、国家、城市和收藏等类别浏览其网站内容。因为使用了特别设计的街景全景拍摄设备，并对一些精选的美术馆内部环境进行了 360 度全方位拍摄，“谷歌艺术计划”的优势之一就是观者可以在电脑屏幕前近距离地观看到清晰度极高的画作，能够仔细地考查作品的笔触与细节，并能直观地体验它们所在的场景。“谷歌艺术计划”最重要的一点就在于它能够提供一个平台，并激发出更新颖、发生在观者与作品之间的互动模式。近期，谷歌艺术计划又有了新的进步，其更新的手机应用程序（Arts & Culture）增加了更为多元化与人性化的设置。此外，这个应用还增加了“每日摘要”（Daily Digest）、“今日诞辰的艺术家”（Born on this Day）和“历史中的今天”（Today in History）等栏目。另外，通过 Google Cardboard 或其他 VR 设备，用户还能够 360 度远程欣赏博物馆的作品并聆听讲解。Google Arts & Culture 最主要的优势是一个名为“艺术品识别器”（Art Recognizer）的工具，它能够通过摄像机识别镜头中的艺术品并给出相关信息。对于谷歌而言，其不仅有数量相当可观的博物馆合作对象网络，还有大笔资金预算以及众多专家群策群力。截至目前，“艺术品识别器”仅在伦敦的多维茨画廊、悉尼的新南威尔士美术馆和华盛顿国家美术馆开放。不过，谷歌的蓝图是让这个工具在全球范围内的美术馆都能使用。①

(四)移动互联网与社交媒体的综合运用

在当下的网络时代,人们对参与网络社交的热情与日俱增。移动终端本身就是社交媒体,移动应用必须同观众建立联系,通过技术来丰富内容的表现形式,提高其趣味性,增加观众黏性,否则将难以发展。而博物馆正好借此时机改变往常在公众眼中"庄严肃穆"的形象,与公众之间建立形式多样的交流平台,如视频网站、社交网站等。当下,公众已经凭借诸多社交媒体共享了世界各地的博物馆、美术馆的建筑、藏品、图片和视频短片,并且将个人参观艺术博物馆的信息、图片和参观攻略心得发布和共享给更多的人。丹麦哥本哈根博物馆走向街头,"古迹数字墙"可以实现三维空间观看展览、公众互动、穿越历史、上传多媒体文件等等一系列移动互联网的功能。泰特美术馆总馆长在演讲时说:"数字技术让我们和艺术互动的方式既可以很随意,也可以很深刻。有几百万人在社交网络上关注泰特美术馆,对我们的博客和 YouTube 视频发表评论。近年来,我们给观众提供了直接向艺术家发问的机会,也鼓励他们绘制数码图像,并将它们投影到泰特现代美术馆的墙上。我们现在正设计一个为观众提供泰特美术馆新馆的导航。我们也会增添更多的鼓励数字互动和交流的空间。"②

第二节　博物馆话题事件向社会事件的扩张性传播

中国传媒大学电视与新闻学院教授、博士生导师刘宏曾撰文分析了话题传播的构成要素。他指出,话题传播是对人们议论纷纷的事情的传播,话题不同于观点,观点是点,话题是面,观点瞄准的往往是比较专业的人士,而话题看重的是大众。事实传播,或者叫作"事件传播",这种传播

---

① 参见李叶萌、王晓芬编:《从 Google Art app 到"梵高课堂":博物馆的数字化探索进行中》,艺术新闻网,2016 年 8 月 18 日。

② [英]尼古拉斯·塞洛塔:《21 世纪的泰特美术馆是一个新型思想"共同体"》,赵文睿译,艺术新闻网,2016 年 1 月。

强调客观的记者立场。① 事件传播、话题传播和观点传播构成新闻传播。话题有一定的时效性，所谓“时过境迁”，旧的话题一旦过时了，就会有新的话题取而代之。话题传播正是在这个基础上不断寻找新的话题，不断吸引受众的注意力。话题事件是话题传播最基本的构成要素，话题传播意味着新闻从人际传播到大众传播的反向性。在古今中外艺术博物馆的发展历程中，有很多情况是由“博物馆事件”引发人们的话题，继而引起媒体的关注，经过报道将民间舆论从艺术博物馆这样相对独立的空间扩张成为广阔的社会事件，从艺术领域演变到政治、经济、文化、伦理道德、娱乐等领域，有的甚至席卷全世界，并在艺术史上留下重要记录，形成了巨大的传播效应，彰显了传播威力，这也是艺术传播向大众传播演变的路径之一。近年来，伴随着国家对博物馆政策的支持与互联网新媒体的发展，我国文博行业或被动或主动地出现在公众视野中，很多话题事件成为社会焦点，媒介艺术生态发展态势良好，博物馆与社会环境、普通大众的互动更加密切，这也预示着博物馆将面临更加复杂的社会关系。如何与媒体互动、如何处理危机公关事件、如何在发挥博物馆核心职能的同时更具创新力、如何把握娱乐尺度……这些问题考量着中国艺术博物馆未来的健康发展。

一、中外博物馆的重大话题事件及大众传播

(一)杜尚的“泉”:艺术博物馆成为观念传达的舞台

现代主义艺术也称“现代派艺术”，是产生于19世纪末20世纪初的一种美术流派和思潮。其发端于马塞尔·杜尚(Marcel Duchamp)追求的“艺术语言独立价值”，标榜反传统，追求时髦，标新立异，认为形式可以脱离内容而存在。1917年，杜尚从卫生用品商店买了一个小便池，将其倒置并署名“R. Mutt”。当时，杜尚匿名将其发给独立艺术家协会(Society of Independent Artists)参展，取名为《泉》。这一组织是曼·雷(Man Ray)、杜尚等艺术家在1916年创办用于展出前卫艺术的。杜尚的《泉》，以19世纪西方学院派经典绘画代表性人物安格尔的同名传世名作《泉》来命名并展出，标志着艺术博物馆成为观念传达的舞台。

① 参见刘宏:《话题传播的构成要素》,《青年记者》2013年第6期。

2017年是这个里程碑事件的100周年。为了纪念20世纪实验艺术先锋杜尚的标志性现成品艺术作品《泉》100周年诞辰，巴黎蓬皮杜中心从2017年1月30日起举行了法国“后观念”艺术家萨阿丹·阿菲夫的“泉之文献”(The Fountain Archives)展。在蓬皮杜中心，观众们可以看见800多张出自展览画册、杂志、艺术史教材等刊物的印刷品书页，其中都带有这件标志性作品的照片。那些被撕掉了书页的杂志则组成了另外一个文献在书架上展出，在杜尚“缺席”的情况下，讲述了现成品艺术在杜尚之后是如何实现多元发展的。杜尚在《泉》之后又有一系列追求非理性、出其不意甚至达到荒谬效果的作品，利用现成品的拼贴与挪用嘲讽经典艺术史的权威体系，但都不及第一件《泉》在艺术博物馆展出这样轰动。“二战”后，世界艺术中心逐渐由欧洲法国巴黎转向美国纽约；20世纪四五十年代，美国的艺术展览掀起了现代主义的浪潮，大批欧洲移民艺术家在多元包容的美国开始探索抽象表现主义。

杜尚的《泉》进入艺术博物馆，本来是艺术史领域的焦点话题和重大里程碑事件，但是这种艺术书写方式、艺术展出方式的巨大变化，迅速从艺术博物馆展览理念扩展为一种社会思潮：抽象与具象、精英与大众、高雅与庸俗的二元对立被打破，形式主义、现代主义艺术逐渐成形；普通受众忽然发现很多无法解释的作品、名不见经传的艺术家也登上艺术博物馆的高雅殿堂，更加凸显出艺术博物馆文化民主性、支持艺术家原创与个性、强调艺术家的主体性而将艺术博物馆“把关人”的职能减弱。这一话题性事件在这一百年间反复被各个国家的艺术门类教科书、期刊、杂志和学术著作、文章津津乐道，进一步扩大了传播意义，彰显其传播价值。蓬皮杜中心2017年的纪念展览更是展示了各种大众媒介的传播过程，无疑会给后人撰写新的艺术史留下系统的传播内容。

(二)卢浮宫“金字塔”：现代主义风格介入艺术博物馆传统建筑

20世纪80年代初，法国前总统密特朗决定改建和扩建世界著名艺术宝库卢浮宫。为此，政府广泛征求设计方案。应征者都是法国及其他国家的著名建筑师。最后由密特朗总统出面，邀请世界上15个声誉卓著的博物馆馆长对应征的设计方案进行选择。结果，有13位馆长选择了贝聿铭的设计方案。他设计用现代建筑材料在卢浮宫的拿破仑庭院内建造

一座玻璃金字塔。不料此事一经公布，在法国引起了轩然大波。人们认为这样会破坏这座具有800年历史的古建筑风格，“既毁了卢浮宫又毁了金字塔”。但是密特朗总统力排众议，还是采用了贝聿铭的设计方案。当密特朗以国宾的礼遇将贝聿铭请到巴黎，为300年前的古典主义经典作品卢浮宫设计新的扩建时，法国人对贝聿铭要在卢浮宫的院子里建造一个玻璃金字塔的设想表现了空前的反对。贝聿铭回忆，在他投入卢浮宫扩建的13年中，有2年的时间都花在了吵架上。当他于1984年1月23日把金字塔方案当作“钻石”提交给历史古迹最高委员会时，得到的回答是：这巨大的破玩意只是一颗假钻石。当时90％的巴黎人反对建造玻璃金字塔。人们一直小心翼翼地避免把古迹变成艺术大市场，而贝聿铭却希望“让人类最杰出的作品给最多的人来欣赏”。他反对一切将玻璃金字塔与石头金字塔的类比，因为后者为死人而建，前者则为活人而造。同时，他相信一座透明金字塔可以通过反衬周围建筑物的褐色而对旧皇宫“沉重的存在”表示足够的敬意。

从传播环境看，艺术博物馆的建筑风格本身具有建筑议程的意义：传统风格的博物馆样式深入人心，欧洲的大多数著名艺术博物馆都是由皇宫改建；美国首批博物馆——大都会艺术博物馆和波士顿艺术博物馆都被设计成宫殿样式。之后，华盛顿国家美术馆老馆、史蒂分森学会的10多所博物馆以及全美三大艺术博物馆之一的芝加哥艺术博物馆，其风格都是受欧洲传统博物馆影响，包括内部偶柱、拱顶横楣的通道门设计装饰风格都具有美术古典主义的共有特征。但是这种给人威严感的艺术博物馆适合精英阶层和百科全书式的艺术史展览；在现代社会，新建博物馆设计越来越讲究亲民性。比如卢浮宫，有了这座“金字塔”，观众的参观线路显得更为合理。观众在这里可以直接去自己喜欢的展厅，而不必像过去那样穿过其他几个展厅。一个现代的博物馆，后勤服务设施一般占总面积的一半。过去卢浮宫博物馆只有20％的面积用于后勤；有了这座“金字塔”，博物馆便有了足够的服务空间，包括接待大厅、办公室、贮藏室以及售票处、邮局、超市、更衣室、休息室等，博物馆的服务功能因此而更加齐全。

(三)“人类大家庭”摄影展:历史上第一次将整个博物馆作为展示照片的场所

“人类大家庭”的策展人为爱德华·史泰钦。策展人本人就是摄影大师,摄影生涯长达78年,见多识广,被誉为美国的“摄影巨人”。还有人说,他的一生就是一部20世纪摄影艺术的发展史。“二战”结束后,爱德华凭借摄影方面的丰富阅历和艺术成就,担任了纽约现代艺术博物馆的摄影部主任。在担任摄影部负责人的15年里,他先后为美国及全世界的摄影家们举办了近50次具有影响力的展览会。而1955年,他策划举办的“The Family of Man”,即“人类大家庭”则是他职业生涯里最重要的一部分。可以说,“人类大家庭”是一个轰动世界的、久负盛名的摄影艺术展览。这个展览在纽约一经推出就产生了轰动的效应,在纽约的展览结束后,“人类大家庭”又到其他37个国家和地区、共6个大洲巡回展览,历时8年。这场展览并非一个或者一群现当代知名艺术家的展览,而是爱德华从全世界范围内选出的273位男女摄影者共计503张摄影作品展出,很多参展人就是普通的摄影爱好者,当然也包括尤金·史密斯这种名家。但是,这种向群众征集影像的行为在那时对于纽约现代艺术博物馆这个级别的美术馆来说还不多见。

从传播内容上看,“人类大家庭”是一次伟大的展览,它从生活的点滴记录了一个“人”从出生,到成人,到结婚,到死亡的各个方面,在当时极大地促进了摄影艺术的传播。正如格里·巴杰在《摄影的精神》一书里指出:“这次展出实际上是人文主义实证论价值的形象表现,它提出希望而不是绝望……在它对政治的否定下面,真正的信息却是隐而不露的。”从传播策略上看,这次展览打破了惯常的视觉秩序,将展览布置得像一本杂志,可以有效地吸引受众。

(四)情感力量:中国油画《父亲》、摄影作品《俺爹俺娘》展览

20世纪80年代初,中国油画《父亲》获得第二届全国青年美展一等奖,表现老农的《父亲》已成为中国当代人像油画里程碑式的作品。作者罗中立(当时还是四川美院的一名学生)也由此被誉为20世纪80年代中国画坛的一面旗帜。《父亲》是中国油画史上一幅前所未有的巨幅头像。看着眼前满是皱纹苍老的面孔,几乎所有的评委都被深深地打动了。据

说，评委们在画像前站了很久，细细品味着画像的每一个细节。评委吴冠中认为，作品表现的人物是对他们上一代的父亲形象的一个概括，用“我的”太小了，应该把“我的”拿掉，就留“父亲”。吴冠中虽建议只去掉两个字，但这恰恰引发了新的争论。中华人民共和国成立以后，观众进行投票，《父亲》一举夺得金奖。1980 年 12 月 20 日，第二届全国青年美展在中国美术馆拉开了序幕，共参展作品 543 件。让人意想不到的是，罗中立的《父亲》再次成为观众瞩目的对象，如今它已成为中国美术馆的“镇馆之宝”。

焦波的黑白摄影作品展览《俺爹俺娘》，反映的是平凡的人间亲情，却激起一代人的情感共鸣。从 1974 年起，焦波开始用照相机为爹娘拍照片。1999 年，他又开始用摄像机为爹娘录像。整整 30 年，焦波为爹娘拍摄的照片共计 12000 余张，录像达 600 多个小时，终于实现了“用镜头留住俺爹俺娘”的初衷。1998 年 12 月，焦波在中国美术馆举办《俺爹俺娘》摄影展，焦波的爹娘为影展剪彩，被媒体誉为“感动京城，轰动全国，是近年来唯一让人落泪的影展”。观众留言称：“焦波，你做了一件万千儿女想做而没做的事，你拨动了人们心中那根最脆弱的弦。”摄影作品《俺爹俺娘》获国际民俗摄影大赛“人类贡献奖”大奖。一位资深的法国评委这样描述这部作品：“全人类只有亲情是相通的，《俺爹俺娘》能感动世界！”从 1997 年 1 月至今，先后有 100 多家国内外媒体对焦波及其作品《俺爹俺娘》做了专访。其中，《人民日报》《北京青年报》《大众日报》等发表了 120 多个整版报道；中央电视台的《焦点访谈》《实话实说》《东方时空》《艺术人生》等名牌栏目做专访达 20 多个小时；省市电视台做了 30 多个小时的节目。1998 年 12 月至 2004 年 2 月，新华社两次为《俺爹俺娘》发通稿。十几年来，《俺爹俺娘》摄影展仍在全国巡展，近百所大学邀请焦波做亲情励志报告演讲，观众（听众、网民）留言近百万字。

20 世纪 90 年代，人们离乡来到城市，老人留在故土，父母子女拥有共同的“乡愁”情绪。《父亲》《俺爹俺娘》展览，唤起了在异乡工作的一代人对依然身处农村的年迈父母的眷恋之情。中国文化传统源于农耕经济，随着农耕经济的大面积消失，与之紧密相连的乡土传统和观念正在被人为抛弃；而农村青壮年长期向城市的涌动和迁居，也带来了劳作模式、生活方式和文化认同方面的巨大变化，也形成了“融入不了城市、回不去乡村”的身份迷失。“集体回忆”是在一个群体里或现代社会中人们所共享、传承以及一起建构的事或物,大部分人有着很强的乡土观念和思乡情结。中国传统文化中的“父母在,不远游”“月是故乡明”等观念都让这一类型的展览颇具话题意义和传播价值,这也是后续多年大众媒介反复以“亲情”这根人类共同的“情感之弦”进行相关报道的原因所在。

(五)公关典范:来自皇家安大略博物馆的道歉

加拿大时间 2016 年 11 月 9 日晚,加拿大皇家安大略博物馆(Royal Ontario Museum,简称 ROM)举办道歉仪式,就 1989 年一个含有种族歧视内容的展览向非洲裔加拿大人群体正式道歉。此事引起了媒体的广泛关注。1989 年,ROM 举办了名为“Into the Heart of Africa”的展览,主要展出百余件馆藏手工艺品。这些藏品大多是加拿大军人、传教士于 19 世纪末 20 世纪初在非洲通过购买、偷窃、被赠予等方式获得的。虽然馆方策划展览的初衷并非是宣扬种族主义,但展览内容还是体现出藏品收集者的种族歧视思想。展览开幕后不久,加拿大的非洲裔族群就向 ROM 提出了抗议,并成立“争取非洲真相联盟”(Coalition For the Truth about Africa,简称 CFTA),要求博物馆取消展览并道歉。至 1990 年春天,抗议活动愈演愈烈,示威者几乎天天出现在博物馆外,并曾与警察发生冲突。博物馆并未同意道歉,而是为展览辩护。策展人认为,展览并未传递种族歧视思想,其目的只是展现非洲文化艺术的多样性。不过,在抗议活动开始后,其他博物馆还是取消了巡回展出该展览的计划。

2012 年开始,ROM 调整办馆方针,把加强与多元文化群体的合作和理解作为博物馆的主要工作之一。在道歉仪式上,CFTA 负责人 Rostant Rico John 表示,正式接受 ROM 的道歉,并赞扬博物馆为纠正错误而付出的努力。他说,希望我们的群体了解,ROM 并没有回避问题、隐瞒问题,而是勇敢面对,与我们一同合作解决问题。其实,这种情况不在少数。纽约现代艺术博物馆的部分藏品曾被质疑来自纳粹的掠夺,对此,博物馆在网站上公开解答民众疑问,为博物馆解除了不少困扰。芝加哥艺术博物馆也曾面对有关藏品的争议,该馆采取的方式也是将争议藏品的信息

公开在网站上，供民众了解。[①] 从这些著名博物馆的案例可以看出，涉及种族歧视是博物馆展览中非常敏感的传播内容，具有焦点特征；而无论是有意为之还是无意行为，都要积极面对媒介的报道和批评，迅速公开信息，解除受众的疑惑，这样也可以避免谣言的产生。

如何处理好公共关系、塑造良好的公众形象和品牌，是当今博物馆需要重视的问题。ROM 馆长 Josh Basseches 表示，这次道歉是博物馆的重要里程碑。他同时宣布，博物馆未来 5 年将作出另外一些行动，改善与非洲裔加拿大人群体的关系。国外博物馆绝大多数要自负盈亏，所以非常注重“营销”和“品牌”。从大众传播和品牌传播角度来看，当博物馆遇到危机时，采取开放的态度，及时解决问题应是最佳做法。如果博物馆保持沉默，很可能引起观众更多的猜疑与不信任。若媒体报道有误，博物馆应当及时纠正，挽回馆誉；对于出现的错误，及时道歉或表达悔意也是危机处理的有效方式。

二、博物馆话题事件向大众传播的扩张性传播元素分析

（一）话题传播的第一个元素是话题事件

无论是对艺术史观念的突破和颠覆，还是与艺术博物馆本身建筑风格的对立和冲击，抑或是展览的内容激发受众内心的焦虑、激情和共鸣，都容易从看似封闭独立又静谧高雅的艺术博物馆扩张至整个社会，形成社会事件。有的话题和事件甚至触动了掌握媒体话语权、发表权威观点、引导大众舆论的媒体从业者和研究人员，在各大媒体上引发长达数十年的广泛讨论。除了上述这些典型案例，越来越多的艺术博物馆也从精英阶层受众转向普通大众，并在这个过程中学会与大众媒介合作，乐于推出一些话题和事件，以扩大口碑传播，介入大众传播体系。

（二）话题传播的第二个元素是话题人物

艺术展览中的话题人物是指那些在一段时间内处于风口浪尖上的人物，更多是中性的。他们通常是有争议的，争论性越大，话题性越强。比如，案例中的杜尚在 100 年前是有争议的，他向经典权威发起挑战，打破

① 此内容整理自 CBC News、Toronto Star、The Globe and Mail 及 ROM 官网，以及 ROM 的沈辰副馆长接受“弘博网”的提问回答。

固有观念,是典型的话题人物。除了创作者和策展人,博物馆的管理者、传播者也可以作为当下话题传播的“话题人物”。如故宫博物馆的单霁翔为了推介故宫传播思想,经常进行学术宣讲,介绍故宫的新举措、文化创意产品。

(三)话题传播的第三个元素是意见领袖

一般来说,在话题传播中,意见领袖的作用往往更加明显。如果说观点传播是以点带面的,那么,话题传播就是相反方向的运动。在艺术博物馆的传播活动中,艺术评论家、策展人、专业参观者都可能充当媒介的意见领袖。比如,是否需要去现场看展,受众倾向于从艺术类期刊、订阅的艺术微信公众号上去了解,然后作出决定;无论是正面的还是负面的话题,有话题事件传播的展览会激发出受众的好奇心。比如,中央美术学院“基弗在中国”大展,展出前媒介观点一边倒;正常开展后,参观者络绎不绝,除了之前仰慕基弗的专业人士和艺术院校的师生外,很多受众是看了媒介报道后决定去看展的。多家著名媒介、知名艺术评论人以非常尖锐的观点去反对展览,大众媒介的炒作引发了观展潮。类似艺术博物馆的话题事件还有很多,姑且不论当代艺术经常有推陈出新的观念探索,就是现在广为大众所接受的“印象派”绘画在19世纪出现时也受到了当时官方沙龙评选团中意见领袖们的嘲讽。“最经典”的评论来自路易斯·勒鲁瓦:“印象——这幅画给我留下很深的印象……多么自由,多么轻易啊!这玩意儿的完整度还不如毛坯墙纸!”这种“嘲讽”如今只剩下历史纪实文学的价值,但是“印象派”一词从此被载入历史。很多年后,艺术评论家会如此解读这幅作品:“比起物质实体,这幅画更重视描绘色彩与气氛……”①一个普通的参观者如果没有专业的指导,不太可能掌握作品复杂、细微或较有深度的艺术含义;尤其是现代艺术作品,更是需要艺术评论家、专业人士以及艺术博物馆的辅助说明来帮助受众理解和欣赏。

(四)话题传播的第四个元素是话题环境

话题和事件一定要放在相关的社会环境、历史条件、地域文化和人们当时的观念中去理解。2003～2004年度于广东美术馆举办的《中国人

---

① 转引自张佳玮:《莫奈和他的眼睛》,译林出版社2014年版,第110页。

本——纪实在当代》展览，共展出250名摄影师的600余幅代表作。展览的主题是“人性化中国，个性化中国”，以“中国人本”为标题和展览定位。这些作品从不同的个人视角记录了不同时期中国民众的生存状态，再现了50多年来中国社会生活朝向人性化与个性化嬗变的进程。话题和事件不像艺术品一样，具有恒久的艺术内在价值，有些话题时过境迁就不再成为焦点，有些事件换到另一个国家也不会吸引人们的注意力。另外，还要注意种族问题，跨文化展览要尊重民族文化和风俗。艺术博物馆越来越走向民主化，传播内容要涵盖很多的民族文化、艺术类型、女性题材等，但在不同的国家对文化艺术展览有不同的政策或法律，敏感题材还是要经过专家论证，避免事件发酵产生社会问题。

(五)话题传播的第五个元素是粉丝

在“粉丝”这个词出现之前，可以用“追随者”“二级传播者”“拥护者”来描述话题传播中的“粉丝”角色，在大众传播中他们起到对话题事件推波助澜的重要作用。网络时代，粉丝群的传播效力更是不可小觑，有时甚至改变话题事件的走向。电视节目《国家宝藏》选择当红明星作为国宝守护人，就考虑到明星效应带动的粉丝群。

(六)话题传播的第六个元素是价值意义的共享

博物馆传播内容的议程设置带有一定的标准和价值观，试图建立一种权威的叙事方式和标准。在安定祥和、生活稳定的社会生态环境中，艺术博物馆是一个实现艺术分享、价值对话和情感共鸣的空间。艺术品具备超越国界和超越时代的审美价值，可以净化人的心灵，化解矛盾，建立人类的共同同理心。

在博物馆领域的话题或事件中，不是所有的话题传播都具备这六个元素，有时候具备其中的两三个元素就能够构成一种形式的话题传播。当然，理论上说，这六个元素聚集得越全面，话题传播的模式就越典型。从某种意义上说，话题传播已经具有了一些舆论的色彩。

另外，大众媒介也应该将展览、公教活动与艺术评论结合起来加以分析，共同把艺术博物馆的艺术传播推向社会公众。博物馆应主动加强与大众媒介的联系，比如联系电视台做博物馆系列专题节目，加强自媒体的内容推广。总之，媒体在报道项目时越来越具有问题意识，能够透过现象提出问题、挖掘内涵,继而在普通大众中形成热点话题,扩大传播范围。

当前,博物馆界应与社会各界广泛合作,运用大众媒介增强对博物馆的宣传,吸引新受众,与大众建立起更通畅的联系。很多文化类节目走红电视荧屏,已然成为值得关注的重要文化现象。多数文化类节目关切"传统"这一命题,注重从中华文化的深厚土壤里取材,展现出较为显著的文化自觉和文化自信意识。博物馆除了与大众媒介一样注重媒介文本的准确性、知识领域的厚重丰富性和传播过程的客观性外,内容生产者、供给者、传播者还要注重为受众提供培育价值观以及构建想象共同体的展览内容。运用电视媒介传播博物馆文化,内部嵌套着两个叙事系统:博物馆文物自身的故事,以及媒介对前者进行新"故事化"塑造的过程。大众媒介创设博物馆文化传播的社会大环境,吸引受众走入博物馆;博物馆内部积极开展公共教育活动,让受众浸染在博物馆文化中,获得高质量的观展与社交新体验。"为一座博物馆赴一座城。"博物馆逐步成为普通大众的休闲场所,随之而来需要思索的是,植根于五千年中华文明的博物馆,如何挖掘其历史文化内涵,并通过视听语言转化成大众喜闻乐见又引人深思的电视节目,助力中华优秀传统文化传播。这是今后仍要深入实践并形成理论的议题。

结　语

从欧美艺术博物馆的发展史来看，公共教育、民主主义的引入使得艺术博物馆从精英走向大众。工业革命后，欧洲成为现代博物馆发展的中心；美国早期发展起来的艺术博物馆甚至在某种程度上取代宗教机构，成为帮助新移民建立一种家庭和社会价值的重要纽带。20 世纪，“新博物馆学”强调“艺术品”与“受众”的关系，提倡非殖民化，在更好地维护自身的文化遗产的基础上，关注真正的跨文化差异，给我们提供了“传播”的研究新视角。中国博物馆虽然起步较晚，管理模式和传播方式不及欧美艺术博物馆先进，但是其处在全球化文化交融、科技发展、媒介融合的网络时代，既有挑战又有发展机遇；如果把握好机遇，在新技术的引领下可以实现与世界级博物馆的同步发展。作为反映世界面貌的重要载体，未来博物馆的国际交流会越来越重要，多元文化体验将是博物馆拉近与各国公众关系的重要载体。

博物馆是一座城市的重要组成部分，应当了解自身在城市发展中的担当，融入城市，更好地践行社会使命。博物馆通过藏品、展览向公众展示城市文化；馆际交流增进了地域、国家间的理解；博物馆在传承文化之外，见证、反映、适应甚至引领城市的变革。未来城市博物馆需要更好地发挥自己的文化资源优势和文化传播话语权，成为城市形象的文化坐标、城市文化脉络的展演场域、城市精神传播的媒介空间。

《博物馆条例》明确规定，博物馆展览“主题和内容应当符合宪法所确定的基本原则和维护国家安全与民族团结、弘扬爱国主义、倡导科学精神、普及科学知识、传播优秀文化、培养良好风尚、促进社会和谐、推动社会文明进步的要求”。中华文化源远流长，博大精深，多姿多彩。跨文化纪录片《当卢浮宫遇见紫禁城》构建的文化中国形象突出了传统与现代、民族与世界相融合的特点，同时运用了具象与抽象、生活与艺术相结合的构建方式，在纵向与横向的双重维度上向我们呈现了底蕴深厚又充满活力的文化中国形象。20 世纪 70 年代以来，随着信息化与科学技术的发展，全球范围内的跨文化交流成为一种常态，追求多元性、主体性、文化相对主义与价值中立的后现代思潮席卷社会。解释人类学的代表人物克利福德·格尔茨在研究文化时提出，文化的概念实质上是一个符号学的概念，文化就是这样一些由人自己编织的意义之网，我们应该探求一种意义的解释，而不是寻求科学的规律。[1] 按照格尔茨的学术体系，一种宗教仪式、一件远古历史的器物、一个约定俗成的行为，这些东西不仅具有一定的意义模式，还具有相应的社会互动形式。博物馆承载着历史文化信息，是中华优秀传统文化的凝聚之地。它不仅要保藏文物珍品，更要进行对外交流传播，这是博物馆机构作为文化的传承者不可推卸的天然责任。面对全球化的新受众，中国博物馆应运用新方法实现“超级连接”，讲好中国故事，向世界展示真实、立体、全面的中国，为人类文明和进步做出贡献。

---

① 参见[美]克利福德·格尔茨：《文化的解释》，韩莉译，译林出版社 1999 年版，第 5 页。

主要参考文献

一、著作

1.《习近平谈治国理政》,外文出版社2014年版。

2.《习近平总书记系列重要讲话读本》,学习出版社、人民出版社2016年版。

3.陈鸣:《艺术传播教程》,上海大学出版社2010年版。

4.陈业伟:《旧城改建与文化传承》,中国建筑工业出版社2012年版。

5.陈宇飞:《文化城市图景:当代中国城市化进程中的文化问题研究》,文化艺术出版社2012年版。

6.程相占:《生生美学论集——从文艺美学到生态美学》,人民出版社2012年版。

7.方玲玲:《媒介空间论:媒介的空间想象力与城市景观》,中国传媒大学出版社2011年版。

8.郭庆光:《传播学教程》,中国人民大学出版社2011年版。

9.黄光男:《博物馆新视觉》,文化艺术出版社2011年版。

10.蒋彬:《四川藏区城镇化与文化变迁——以德格县更庆镇为个案》,巴蜀书社2005年版。

11.蒋玲主编:《博物馆建筑设计》,中国建筑工业出版社2009年版。

12.刘宏宇:《呈现的真相和传达的策略:博物馆历史展览中的符号传播和媒介应用》,人民日报出版社2016年版。

13.马泉:《城市视觉重构:宏观视野下的户外广告规划》,人民美术出版社2012年版。

14. 任悦:《视觉传播概论》,中国人民大学出版社 2008 年版。

15. 孙淼:《中国艺术博物馆空间形态研究》,文化艺术出版社 2013 年版。

16. 孙英春:《跨文化传播学导论》,北京大学出版社 2008 年版。

17. 王璜生:《作为知识生产的美术馆(美术馆的台前幕后)》,中央编译出版社 2012 年版。

18. 王玉玮:《电视剧城市意象研究》,暨南大学出版社 2010 年版。

19. 徐怡涛:《中国建筑》,高等教育出版社 2010 年版。

20. 许江主编:《人文生态》,中国美术学院出版社 2008 年版。

21. 薛凤旋:《中国城市及其文明的演变》,世界图书出版公司 2010 年版。

22. 姚安:《博物馆 12 讲》,科学出版社 2011 年版。

23. 张岱年、方克立:《中国文化概论》,北京师范大学出版社 2004 年版。

24. 张佳玮:《莫奈和他的眼睛》,译林出版社 2014 年版。

25. 郑晓云:《文化认同与文化变迁》,中国社会科学出版社 1992 年版。

26. [法]米盖尔·杜夫海纳:《美学与哲学》,孙非译,中国社会科学出版社 1985 年版。

27. [美]阿诺德·伯林特:《生活在景观中》,陈盼译,湖南科学技术出版社 2007 年版。

28. [美]本尼迪克特·安德森:《想象的共同体:民族主义的起源与散布》,吴睿人译,上海人民出版社 2005 年版。

29. [美]大卫·格里芬:《建设性后现代思想与生态美学》上卷,曾繁仁译,山东大学出版社 2013 年版。

30. [美]克莱门特·格林伯格:《艺术与文化》,沈语冰译,广西师范大学出版社 2015 年版。

31. [美]克利福德·格尔茨:《文化的解释》,韩莉译,译林出版社 1999 年版。

32. [美]刘易斯·芒福德:《城市文化》,宋俊岭等译,中国建筑工业出版社 2009 年版。

33.[美]鲁道夫·阿恩海姆:《艺术与视知觉》,腾守尧译,四川人民出版社 2006 年版。

34.[美]伦斯·格罗斯伯格等:《媒介建构:流行文化中的大众媒介》,祁林译,南京大学出版社 2014 年版。

35.[美]乔尔·科特金:《全球城市史》,王旭等译,社会科学文献出版社 2014 年版。

36.[美]文·林奇:《城市意象》,方益萍译,华夏出版社 2001 年版。

二、文章

1.卜希霆、齐骥:《新型城镇化的文化路径》,《现代传播》2013 年第 7 期。

2.蔡祥军:《基于符号编译和知识学习的博物馆观众行为研究》,南京理工大学博士学位论文,2010 年。

3.陈来:《新儒家之后:儒学何为》,2013 年 12 月 22 日《人民日报》。

4.陈霖:《城市认同叙事的展演空间——以苏州博物馆新馆为例》,《新闻与传播研究》2016 年第 8 期。

5.陈望恒:《试论农业审美愿景——新农村建设与环境美学》,《江淮论坛》2012 年第 2 期。

6.陈振华:《集体记忆研究的传播学取向》,《国际新闻界》2016 年第 4 期。

7.成宝平:《城市品牌形象的视觉符号研究》,中南大学硕士学位论文,2009 年。

8.崔潇:《十八大以来"讲好中国故事"理念国内研究综述》,《对外传播》2017 年第 2 期。

9.单霁翔:《民俗博物馆建设与非物质遗产保护》,《民俗研究》2014 年第 2 期。

10.甘文:《中国丝绸之路上的佛教艺术展在美国洛杉矶盖蒂艺术中心举办》,2016 年 5 月 10 日《中国文物报》。

11.顾方哲:《欧洲古建筑保护体系的形成与启示》,《山东大学学报》(哲学社会科学版)2013 年第 3 期。

12. 郭讲用:《〈记住乡愁〉:儒家文化电视传播中的价值重构》,《当代传播》2016 年第 3 期。

13. 郭青:《大数据时代下的数字美术馆》,中央美术学院硕士学位论文,2016 年。

14. 何桂彦:《以展览的方式介入当代艺术史的书写》,《当代美术家》2015 年第 2 期。

15. 黄光伟:《"期待视野"与主体审美心理结构的建构、调整》,《北方论丛》2001 年第 3 期。

16. 江守义:《城市视觉艺术的美感特征》,《安徽师范大学学报》(人文社会科学版)2004 年第 5 期。

17. 李立言、郭文梅:《中美文化交流:如何精彩讲述中国故事》,2017 年3 月24 日《中国文化报》。

18. 李松:《城镇化进程中乡村文化的保护与变迁》,《民俗研究》2014 年第 1 期。

19. 林少雄:《国家形象的视觉呈现与传播策略:以中国国家形象片为例》,《艺术百家》2012 年第 4 期。

20. 刘锋杰:《审"城市"之美:中国美学研究的新支点》,《安徽师范大学学报》(人文社会科学版)2004 年第 5 期。

21. 刘宏:《话题传播的构成要素》,《青年记者》2013 年第 6 期。

22. 刘涛:《新概念　新范畴　新表述:对外话语体系创新的修辞学观念与路径》,《新闻与传播研究》2017 年第 2 期。

23. 刘文俭:《打造齐鲁文化品牌的对策研究》,《山东社会科学》2010 年第 8 期。

24. 刘悦笛:《古代雅集的历史情境》,2015 年 7 月 10 日《人民政协报》。

25. 南京市委外宣办:《对外文化交流可持续发展实现路径探析》,《对外传播》2017 年第 5 期。

26. 沈辰:《构建博物馆:从藏品立本到公众体验》,《东南文化》2016 年第 6 期。

27. 史晨生:《李延声:加强城市规划立法是城市发展的关键》,2011 年3 月7 日《中国产经新闻报》。

28. 斯舜威:《雅集的现实意义》,《青少年书法》2010 年第 4 期。

29. 陶思炎:《论民俗艺术学的研究》,《东南大学学报》2008 年第 1 期。

30. 王道勇等:《新型城镇化应力避三大误区》,2013 年 9 月 2 日《学习时报》。

31. 王璜生:《再谈美术馆与知识生产》,《美术观察》2015 年第 5 期。

32. 王金晶:《雅集:审美情趣的大成与共振》,2015 年 7 月 10 日《人民政协报》。

33. 王琳:《博物馆展示设计中的情感传达研究》,清华大学硕士学位论文,2004 年。

34. 王路:《关联的容器:当代博物馆的一种倾向》,《时代建筑》2006 年第 6 期。

35. 夏秀:《当代媒介环境中的艺术接受》,《现代传播》2014 年第 12 期。

36. 项隆元:《博物馆建筑风格的多元化与博物馆建筑设计观念的更新》,《中国博物馆》2015 年第 4 期。

37. 谢振东:《国外和台湾地区城镇化的典型模式及其启示》,《国家行政学院学报》2013 年第 3 期。

38. 邢晗:《设计改变生活——关于运用视觉传达艺术提升城市文化魅力的研究》,《美术教育研究》2012 年第 17 期。

39. 徐放鸣、陈洁:《〈当卢浮宫遇见紫禁城〉:跨文化视野下的文化中国形象呈现》,《艺术百家》2017 年第 5 期。

40. 杨越明、藤依舒:《十国民众对中国文化符号的认知与偏好研究》,《对外传播》2017 年第 4 期。

41. 余周麟:《名家美术馆与博物馆叙事研究》,中央美术学院硕士学位论文,2013 年。

42. 袁潇:《数字时代中议程设置理论的嬗变与革新——专访议程设置奠基人之一唐纳德·肖教授》,《国际新闻界》2016 年第 4 期。

43. 张金岭:《“法”眼看中国:文化想象中的“他者”研究》,中央民族大学博士学位论文,2007 年。

44. 张兰芳：《现代语境下的民俗艺术传播》，《民俗研究》2013 年第 2 期。

45. 张士闪：《“顺水推舟”：当代中国新型城镇化建设不应忘却乡土本位》，《民俗研究》2014 年第 1 期。

46. 张世英：《当代美学应升华境界之美》，2015 年 2 月 2 日《人民日报》。

47. 赵红、赵君香：《关于进一步促进泰安市文化产业发展的思考》，2015 年 4 月 8 日《中国经济时报》。

48. 赵君香：《齐鲁文化传播媒介的创新研究——以博物馆、美术馆为例》，《人文天下》2015 年第 5 期。

49. 赵洋、王恒：《科技博物馆公共空间利用初探》，《科技馆》2009 年第 2 期。

50. 郑依菁、韩晓蓉：《未来城市应是文化“可沟通城市”》，2014 年 11 月 24 日《东方早报》。

51. 周大鸣：《都市化中的文化转型》，《新华文摘》2013 年第 17 期。

52. 周飞强：《博物馆的悖论——欧美艺术博物馆收藏展览》，中国美术学院博士学位论文，2011 年。

53. 朱海：《关于着力打造青岛市南区城区文化品牌案》，中国城市发展网，http://www.chinacity.org.cn/cspp/csal/76561.html，2011 年 10 月 17 日。

54. 朱建宁、丁珂：《法国现代景观的设计理念》，《中国园林》2004 年第 3 期。

55. 朱逸宁、刘士林：《论中国城市文化学理论的建构》，《上海师范大学学报》2013 年第 6 期。

56. 朱支农：《以城市品牌应对全球化挑战》，《瞭望新闻周刊》2013 年第 29 期。

57. [日]荻野昌弘：《保护的年代：为什么有今天的世界遗产？》，刘翔宇译，《内蒙古大学艺术学院学报》2016 年第 1 期。

58. [英]罗兰：《重新定义博物馆中的物品——中国遗产的井喷》，汤云译，《西南民族大学学报》（人文社会科学版）2014 年第 4 期。